AF174339

¡Sssssshhhhhhhhhh!

Haz del teatro algo íntimo

Llévalo siempre en el bolsillo

Cubierta y diseño editorial: Éride, Diseño Gráfico
Dirección editorial: ángel jiménez

Primera edición: mayo, 2024

Usted tiene ojos de mujer fatal
© Herederos de Enrique Jardiel Poncela
© VdB, 2024
Espronceda, 5
28003 Madrid

VdB®

ISBN: 978-84-19850-58-4
Depósito Legal: M-11916-2024
Diseño y preimpresión: Éride, Diseño Gráfico

Cualquier forma de reproducción, distribución, comunicación pública
o transformación de esta obra solo puede ser realizada con la autorización
de sus titulares, salvo excepción prevista por la ley. Diríjase a CEDRO
(Centro Español de Derechos Reprográficos, www.cedro.org) si necesita
fotocopiar o escanear algún fragmento de esta obra.

Todos los derechos reservados.

VdB® es una marca registrada de Éride, S.L.

 Este libro protege el entorno

usted tiene ojos de mujer fatal

comedia en un prólogo
y tres actos

Edición de Enrique Gallud Jardiel

Enrique Jardiel Poncela
Madrid, (15-10-1901/18-02-1952)

Escritor y dramaturgo español. Su obra, relacionada con el teatro del absurdo, se alejó del humor tradicional acercándose a otro más intelectual, inverosímil e ilógico, rompiendo así con el naturalismo tradicional imperante en el teatro español de la época. Esto le supuso ser atacado por una gran parte de la crítica de su tiempo, ya que su humor hería los sentimientos más sensibles y abría un abanico de posibilidades cómicas que no siempre eran bien entendidas. A esto hay que sumar sus posteriores problemas con la censura franquista. Sin embargo, el paso de los años no ha hecho sino acrecentar su figura y sus obras siguen representándose en la actualidad, habiéndose rodado además numerosas películas basadas en ellas. Murió de cáncer, arruinado y en gran medida olvidado, a los 50 años.

De entre sus casi 50 obras estrenadas destacamos *Usted tiene ojos de mujer fatal* (1932), *Angelina o el honor de un brigadier* (1934), *Cuatro corazones con freno y marcha atrás* (1936), *Un marido de ida y vuelta* (1939), *Eloísa está debajo de un almendro* (1940), *Los ladrones somos gente honrada* (1941), *Madre (el drama padre)* (1941), *Los habitantes de la casa deshabitada* (1942), *Blanca por fuera y Rosa por dentro* (1943), *Tú y yo somos tres* (1945) o *El sexo débil ha hecho gimnasia* (1946).

ENRIQUE JARDIEL PONCELA

usted tiene ojos de mujer fatal

comedia en un prólogo y tres actos

Esta comedia se estrenó en el Teatro Principal de Valencia
el 20 de septiembre de 1932, interpretada por Pepita Meliá (ELENA),
Mercedes Muñoz Sampedro (FRANCISCA), María Francés (ADELAIDA),
Carmen Alcoriza (PEPITA), Carmen García (JULIA), Carmen Sánchez (NINA),
María Fúster (FERNANDA), Carmen Almiñana (LEONOR),
María Santoncha (BEATRIZ), Ana María Noé (ÁGATA),
Benito Cibrián (OSHIDORI), Antonio Armet (SERGIO),
Gonzalo Llorens (PANTECOSTI), Maximino Fernández (INDALECIO),
Manuel Aragonés (Mariano), Emilio Menéndez (ARTURITO),
Luis G. Guerrero (ROBERTO) y Manuel Alfonso (UN CRIADO).

Personajes

ELENA
FRANCISCA
ADELAIDA
PEPITA
JULIA
NINA
FERNANDA
LEONOR
BEATRIZ
ÁGATA
OSHIDORI
SERGIO HERNÁN
REGINALDO DE PANTECOSTI
INDALECIO CRUZ
MARIANO
ARTURITO
ROBERTO DE PANTECOSTI
UN CRIADO (Félix)
UN «CHAUFFEUR»

10♀ 8♂

El prólogo y primer acto, en Madrid; el segundo y tercer actos, en un hotel de Cercedilla.

Prólogo

Gabinete-saloncito de una *gargonniere* elegante. Una puerta en el lateral derecho y dos más en el izquierdo. Otra puerta en el foro derecho, esta última con forillo de vestíbulo. En el foro ocupando todo el centro y la izquierda, se abre un gran arco provisto en toda su longitud de una barra a lo largo de la cual corre un tapiz. Detrás de él figura existir la alcoba del dueño de la casa. En la izquierda, entre las dos puertas de ese lado, ventanal con persiana de madera que se cierra en guillotina. Bajo el ventanal, un fonógrafo eléctrico. En la derecha, una biblioteca enana que sostiene un puñado de revistas y cuatro únicos libros, iguales en tamaño, forma y encuadernación. Una mesita con una lámpara, un teléfono, un gong y servicio de licores y tabacos. La escena, puesta con un sentido personalísimo, es una de esas habitaciones que atraen por igual a las mujeres formales que a los hombres informales; una de esas habitaciones pintorescas y voluptuosas donde todo se combina para formar confidenciales rincones, en los cuales es frecuente que —al anochecer— las visitas femeninas se detengan largos ratos a inquirir detalles y a hacer preguntas, aunque sin aguardar nunca —naturalmente— las respuestas. Los asientos son amplios, cómodos y resultan propicios a cualquier decisión; las luces están instaladas de modo imprevisto, y en cuanto a los muebles, son tan selectos, que, ninguno vale para nada. Comienza la acción a las dos de la tarde de un día de primavera.

Al levantarse el telón no hay nadie en escena. Las lámparas están apagadas, las puertas cerradas y la persiana del ventanal corrida. En la puerta del primero izquierda, la llave se halla puesta por fuera. Suave penumbra invade la habitación. Una pausa. Luego se abre la puerta del foro y entra OSHIDORI *en mangas de camisa, con pantalón y chaleco negros.* OSHIDORI *es un criado; aunque tiene cincuenta años, en su cédula pone cuarenta y nueve, él representa cuarenta y cinco y declara cuarenta y dos. Viste irreprochablemente y habla, acciona y procede dentro de la órbita de la más exquisita depuración. Al aparecer por el foro,* OSHIDORI *se dirige al ventanal y lo abre. La escena se ilumina con luz de sol. Entonces, por el foro, entra* PEPITA. PEPITA *es una doncella que no tiene de doncella más que el uniforme; su distinción al moverse y sus modales denuncian en ella a la gran dama. Trae en el brazo un frac.*

PEPITA   (*Avanzando.*) El frac, Oshidori.

OSHIDORI   Gracias, marquesa. (*Se lo pone.*) ¿Y el señor?

PEPITA   Duerme.

OSHIDORI   ¿A qué hora vino anoche, marquesa?

PEPITA   A las doce.

OSHIDORI   ¿Solo?

PEPITA   Acompañado. Y a la una volvió a marcharse.

OSHIDORI   ¿Acompañado?

PEPITA   Solo. Y a las cinco regresó de nuevo oliendo a whisky.

OSHIDORI   ¿Solo?

PEPITA   Con soda.

OSHIDORI   No me refería al whisky, sino al señor, marquesa. (*Calculando.*) Pues cinco y diez son quince... (*Consultando su reloj.*) Ahora son las dos, que son las catorce... (*Resumiendo y guardándose el reloj.*) Marquesa, prepare el desayuno del señor para las quince, que son las tres.

PEPITA   Muy bien.

            (*Se va por el foro. Suena el teléfono.*)

OSHIDORI   (*Descolgando el auricular.*) ¡Diga! ¡Ah! Amabilísimo. Señora condesa... Oshidori, para servir a la señora condesa. Efectivamente: el señor duerme todavía... Muy bien. Le despertaré inmediatamente. ¿Qué es lo que debo preguntar al señor, que si esta tarde a las cinco o que si mañana a las cuatro? Perfectamente; corro a preguntárselo. (*Se retira el auricular del oído, tapa la bocina y durante un rato permanece inmóvil, de pie junto a la mesita. Pasado el rato destapa la bocina y vuelve a aplicarse el auricular.*) ¿Señora condesa? El señor, que se ha alegrado extraordinariamente de que le despertase acaba de expresarme, con lágrimas en los ojos, cuánto lamenta no poder acudir ni hoy a las cinco ni mañana a las cuatro al sitio donde él y la señora condesa saben. Dice que irá cualquier otra tarde, sin fijar fecha; pero, eso sí, suplica a la señora condesa que no se impaciente por muchas tardes que tarde en llegar esa tarde... ¿Cómo? (*Asombrado de la burrada que por lo visto le ha contestado la condesa. Aparte.*) ¡Arrea! (*Alto.*) Muy bien. Así mismo se lo comunicaré al señor, señora condesa. (*Cuelga.*) La verdad es que el señor tiene razón cuando dice que la condesa solo se diferencia de un carabinero en que fuma con la mano derecha... Aunque claro que tiene motivos para todo: en un mes se ha llevado trece plantones. Y ahora, a despachar la conquista de anoche. (*Acercándose a la puerta del primero*

izquierda.) Debe de estar aquí. (*Llamando
con los nudillos.*) Señora... ¡Señora!...

ELENA   (*Dentro.*) ¿Quién llama?

OSHIDORI   Aquí está. (*Hace jugar la llave y aguarda a
pie firme junto a la puerta. Inclinándose.*) Señora...

(*Entra* ELENA. *Tiene treinta años, pero con
la luz eléctrica no debe aparentar más de
veinticinco. Es una belleza graciosa y pen-
sativa. Mujer moderna, hecha para las sen-
saciones, lo mismo se la confundiría con una
de aquellas dulces y románticas damas que
aún pueden verse en los viejos grabados de
la escuela inglesa. Ahora* ELENA *se viste con
un pijama frívolo y se reviste con una actitud
profundamente grave. Avanza y se detiene un
instante junto al fonógrafo.*)

ELENA   ¡El fonógrafo! ¡El maldito fonógrafo! (*Da
dos pasos más y se encara con* OSHIDORI.)
¿Quién es usted?

OSHIDORI   Soy Oshidori, el criado del señor.

ELENA   ¡Ah! ¿Es usted el criado de Sergio?

OSHIDORI   Sí, señora. Pero no lo parezco, ¿verdad, señora?

ELENA   No. No lo parece usted.

OSHIDORI   Todo el mundo me lo dice.

ELENA   ¿Y cómo no lo vi a usted anoche cuando yo vine?

OSHIDORI   Porque ayer me despedí después de vestir al señor para la tarde; era sábado y yo, como buen español, hago semana inglesa...

ELENA   Entonces, ¿quizá no puede usted decirme dónde está ahora Sergio?

OSHIDORI   (*Rápidamente.*) El señor no está en casa, señora.

ELENA   ¿Que no está en casa? Tengo la certidumbre de que está... (*Va hacia el foro y mira en la alcoba por uno de los extremos del tapiz.*) ¡Ya lo creo que está! (*Despreciativa.*) ¡Y durmiendo! (*Indignada.*) ¿Por qué ha mentido? ¿Por qué ha dicho que no estaba en casa?

OSHIDORI   (*Recurriendo a toda su habilidad.*) Señora, cuando un hombre duerme teniendo en la habitación de al lado una mujer como la señora, lo mejor que se puede decir de él es que no está en casa...

ELENA   Tiene usted razón. (*Mirándolo con curiosidad.*) Y lo ha dicho usted muy bien; con una frase muy intencionada...

OSHIDORI   (*Rectificando modestamente.*) La frase no es mía.

ELENA   Pues ¿de quién es?

OSHIDORI   Del señor.

ELENA   Eso hará Sergio; ¡frases!

OSHIDORI   Y no es poco, señora. La humanidad entera no ha hecho otra cosa hasta el presente. Y el mundo se creó con la frase «hágase la luz»; se pobló con la de «creced y multiplicaos» y se civilizó con la de «vacaciones sin kodak son vacaciones perdidas».

ELENA   (*Sonriendo.*) Eso me ha hecho gracia...

OSHIDORI   Pues también es del señor.

ELENA   (*Poniéndose seria.*) Lo siento. Pero en cambio me alegra observar que tiene usted un aire respetable, Oshidori. Y le voy a comunicar un secreto...

OSHIDORI   La señora me distingue mucho.

ELENA   El secreto es este: Oshidori, su amo es un canalla. (*Después de una pausa.*) ¿Qué dice usted?

OSHIDORI   Que en ocho años mil cuatrocientas seño-
            ras me han comunicado el mismo secreto
            que la señora.

ELENA   ¿Mil cuatrocientas señoras? ¿Y en ocho
            años?

OSHIDORI   A ciento setenta y cinco señoras un año con
            otro. Lo he calculado varias veces.

ELENA   Entonces, ¿qué clase de hombre es este?

OSHIDORI   Un don Juan, señora. Un don Juan que se
            llama Sergio, Un Barba Azul al que yo afei-
            to la barba dos veces al día.

ELENA   Luego, ¿su fama?...

OSHIDORI   Cierta.

ELENA   ¿Y lo de que no ha habido una mujer que
            se le resista?

OSHIDORI   Absolutamente verdad, señora.

ELENA   ¿Y eso de que jamás se ha enamorado de
            ninguna?

OSHIDORI   Completamente exacto.

ELENA   ¡Estúpida de mí! y yo que pensé que lo que
            se contaba era exagerado. (*Transición. Con-
            fidencial.*) Pero imagínese, Oshidori, que

después de muchos meses de pensar en él me lo encontré de pronto ayer tarde en Sakuska...

OSHIDORI   Va mucho.

ELENA   Eran las siete. Caía la tarde. Todavía brillaban al sol algunas azoteas y el cielo se había teñido de morado. ¿Se lo imagina?

OSHIDORI   Sí, señora.

ELENA   Me parece que no se lo imagina, Oshidori.

OSHIDORI   Sí, señora, sí. Me lo imagino como si lo estuviera viendo. No obstante, cerraré los ojos para imaginármelo mejor. (*Cierra los ojos.*) Me imagino a la señora en Sakuska sentada en una mesa de la derecha...

ELENA   ¡No! De la izquierda.

OSHIDORI   Eso es; de la izquierda. A veces falla la imaginación.

ELENA   Anochecía... A mí el crepúsculo me pone muy triste...

OSHIDORI   A mí también, señora. Y se explica. Al fin y al cabo, el crepúsculo es un fracaso de la naturaleza.

ELENA   (*Admirada.*) ¡Qué bonito, Oshidori!

OSHIDORI   (*Siempre modesto.*) Es una frase del señor.

ELENA   ¡Vaya por dios! Pues estaba yo triste, triste... Y sentía ganas de... no sabía de qué...

OSHIDORI   Quizá de llorar.

ELENA   ¡Eso! De llorar. Cuando, de pronto, se detuvo a la puerta un auto...

OSHIDORI   Packard.

ELENA   Y bajó de él un hombre...

OSHIDORI   El señor.

ELENA   No. Primero bajó el «chauffeur»...

OSHIDORI   Indalecio.

ELENA   Después bajó Sergio y entró en Sakuska. Entró erguido, fascinador, dominándolo todo con la mirada, levantando a su paso una nube de cuchicheos femeninos, elegantísimo, vistiendo un traje...

OSHIDORI   ...azul con rayitas blancas.

ELENA   Sí. ¿Cómo sabe?

OSHIDORI   Se lo había puesto yo.

ELENA   ¡Es verdad! Ya no me acordaba. Y en el ojal de la solapa lucía...

OSHIDORI   ...una dalia. Los sábados por la tarde le toca dalias...

ELENA   Una dalia, justamente. Entró, se fijó en mí, me invitó y merendamos juntos...

OSHIDORI   ...sin que la señora pudiera precisar lo que tomaron.

ELENA   ¡Eso es! Pero ¿cómo lo adivina usted todo?

OSHIDORI   Ocho años al servicio del señor... Mil cuatrocientos «casos» observados... ¿Y después?

ELENA   Después paseamos por el campo. Hablamos del alma. Me dijo que estaba muy solo...

OSHIDORI   Eso suele decir cuando está junto a una mujer.

ELENA   Me recitó versos de Byron.

OSHIDORI   ¿Y de Lamartine?

ELENA   ¡También! Calle usted... ¿Qué fue lo que me recitó de Lamartine?

OSHIDORI   «El lago».

ELENA   ¡«El lago», sí!...

OSHIDORI   Siempre recita «El lago». Lo único que sabe
               de Lamartine es «El lago» y que le gusta-
               ban mucho las alcachofas.

ELENA   Tengo entendido que lo que le gustaban a
               Lamartine eran los espárragos.

OSHIDORI   Precisamente; pero al señor se le han me-
               tido en la cabeza las alcachofas. ¿Y luego,
               señora?

ELENA   Luego comimos en un reservadito de cier-
               to restaurante campestre. Me contó cosas de
               su vida... Porque ha debido de viajar mu-
               cho, ¿verdad?

OSHIDORI   Tanto como un maletín roto.

ELENA   Y después..., ya a media noche, me trajo aquí.
               Yo perdí el sentido por completo, Oshidori...
               Y ocurrió... Pero usted también se imagina-
               rá lo que suele ocurrir cuando una mujer
               enamorada pierde el...

OSHIDORI   (Cortándolo.) Eso se lo imagina cualquiera.

ELENA   Sin embargo, aún no he podido explicarme
               qué fue lo que me hizo llegar a todo aquello...

OSHIDORI   A lo mejor, una sola frase.

ELENA   Una sola frase, es verdad. Ahora veo claro que me sentí subyugada cuando mirándome fijamente en el campo, me dijo...

OSHIDORI   ... le dijo: «usted tiene ojos de mujer fatal».

ELENA   ¡Justo! ¡Justo! ¿Es que se lo ha dicho a varias?

OSHIDORI   La frase «usted tiene ojos de mujer fatal» es la que utiliza siempre el señor para rendir a las señoras.

ELENA   ¡Pero es indignante que conmigo utilizara el recurso que utilizó con las demás!

OSHIDORI   Eso mismo me dijeron las demás.

ELENA   ¡Oshidori!...

(*Suena el teléfono.*)

OSHIDORI   Con permiso de la señora... (*Al aparato.*) ¡Diga! Sí, señora. ¿Cómo? ¡Ah! Muy bien. (*A* ELENA, *tapando la bocina.*) Aquí tiene la señora una señora que lo primero que advierte es que no es señora, sino señorita.

ELENA   ¿Otra... aspirante, Oshidori?

OSHIDORI   Sí. De estas caen diez diarias...

ELENA   ¿Caen?

Oshidori   O por lo menos se mueven mucho. (*Al aparato.*) ¿Cómo? ¿Señorita? (*Cuelga.*) Ha colgado. Eso es que el marido ha entrado en la habitación.

Elena   ¿El marido? ¿Pero no es señorita?

Oshidori   Conozco el género, señora. Y todas estas que piden que se les llame señoritas están casadas, veranean en El Escorial y tienen diez hijos, el más pequeño arquitecto.

(*Por el foro entra* Pepita.)

Pepita   ¿El teléfono, Oshidori?

Oshidori   Ya lo he atendido yo, marquesa. Puede retirarse...

Pepita   (*A* Elena.) Señora...

(*Se va por el foro.*)

Elena   ¿Por qué llama marquesa a la doncella?

Oshidori   Porque lo es.

Elena   ¿Qué dice usted?

Oshidori   Sí, señora; la marquesa del Robledal. Quizá es conveniente que sepa la señora que toda la servidumbre de la casa está formada por antiguas amadas del señor...

ELENA   ¡No es posible!

OSHIDORI   Sí, señora, sí. Son corazones románticos que,
al terminar con el señor, suplicaron plazas
en la servidumbre para poder verle diaria-
mente, ya que no les era posible otra cosa.

ELENA   ¡Pero es absurdo!

OSHIDORI   Lo cierto es siempre absurdo, señora, y amar
quiere decir esclavitud. Realmente es una
servidumbre para enorgullecer a cualquiera. Las hay de todos gustos. Al frente de la
cocina, por ejemplo, está nada menos que
Nita Numi, la famosa bailarina húngara, única en el mundo que ha bailado el «Ave María» de Gounod...

ELENA   ¡Sí que es extraordinario!

OSHIDORI   ¿Y el «chauffeur»?...

ELENA   (Alarmada.) ¿El «chauffeur» también, Oshidori?

OSHIDORI   Déjeme acabar la señora. El «chauffeur»
vino expresamente de Buenos Aires por curiosidad de conocer al señor para descubrir
el secreto de su éxito con las mujeres. Como
el señor no tenía tiempo de atenderle, se
quedó de «chauffeur» para observar. Es Indalecio Cruz, el autor de tangos de fama
mundial.

ELENA   ¿Y ha conseguido descubrir el secreto del
               éxito de Sergio?

OSHIDORI   Todavía, no. A mi juicio, el éxito del señor
               con las mujeres obedece a que no les hace
               ningún caso.

ELENA   Eso explica lo ocurrido conmigo, porque
               aún no le he dicho, Oshidori, que anoche,
               cuando volví a recobrar el sentido, me dijo
               que le esperase en esa habitación. (*El pri-
               mero izquierda*.) Y en cuanto entré, él mis-
               mo fue el que me encerró con llave. Y así
               que empecé a protestar y a llamar...

OSHIDORI   ...El señor puso en marcha el fonógrafo y
               colocó un disco del «O Marie».

ELENA   Exactamente. ¿También eso lo ha hecho con
               varias?

OSHIDORI   Sí, señora. Y a las que gritan demasiado les
               pone el «Torna a Sorrento», cantado por un
               orfeón vasco.

ELENA   Pero el fonógrafo sonó hasta la madrugada...

OSHIDORI   Es eléctrico y tiene un dispositivo gracias
               al cual cuando concluye el disco empieza
               de nuevo.

ELENA   ¡Un encanto! ¿De suerte que su primera obligación por las mañanas es comprobar si hay víctimas cautivas?

OSHIDORI   Sí. Y en el caso de que las haya, despedirlas.

ELENA   ¿Cómo?

OSHIDORI   Los procedimientos varían.

ELENA   ¿Y cuál es el más eficaz?

OSHIDORI   El que estoy empleando con la señora.

ELENA   (*Escandalizada de su cinismo.*) ¡Pero, Oshidori!

OSHIDORI   Yo aconsejo a las señoras que se marchen. Ellas se echan a llorar y se desmayan. Yo recurro al éter y las vuelvo en sí, y entonces ellas se van muy tristes, retocándose los ojos con el lápiz.

ELENA   ¿Y por qué a mí no me aconseja que me marche, Oshidori?

OSHIDORI   Perdón; es que me he distraído hablando. Le aconsejo a la señora que se marche.

ELENA   (*Levantándose con un esfuerzo.*) Sí... Y ya me hubiera ido antes si estuviera convencida de que solo he sido para Sergio una más...

OSHIDORI   Eso es fácil, señora, porque el señor apunta todas sus conquistas. Don Juan las apuntaba también.

ELENA   ¿Que las apunta? ¿Dónde?

OSHIDORI   En estos cuatro libros. (*Señala la biblioteca.*) Y por orden alfabético.

ELENA   ¿De apellidos o de nombres?

OSHIDORI   De nombres. Los héroes, las enamoradas y los planetas no tienen apellido. (*Inclinándose, como siempre.*) Es una frase del señor...

ELENA   Lo sospechaba.

OSHIDORI   Si la señora ha sido «una más» para el señor, la señora estará apuntada aquí con las restantes...

ELENA   ¿Y si aún no le hubiera dado tiempo de apuntarme, Oshidori?

OSHIDORI   ¡Por dios! Con el ruido del último cañonazo se escriben ya las batallas en la Historia... (*Inclinándose.*) Es una frase...

ELENA   ...del señor.

OSHIDORI   No, señora; esta es de Napoleón Bonaparte. (*Yendo hacia la biblioteca.*) ¿El nombre de la señora?

ELENA   Elena.

OSHIDORI   Tomo primero.

               (*Coge uno de los tomos, pero al ir a abrirlo
               se lo arrebata* ELENA.)

ELENA   ¡Por favor! Lo veré yo misma... (*Vuelve al si-
               llón con el libro; lo hojea ansiosamente.* OSHI-
               DORI *ha cogido otro tomo y lo hojea a su vez
               junto a la biblioteca. Hay un silencio profun-
               do. De pronto,* ELENA *levanta la cabeza radian-
               te.*) ¡No estoy! ¡No estoy! Eso quiere decir...
               Levantándose. ¡Llámelo, Oshidori! ¡Despiér-
               tele! (*Con brusca decisión, yendo hacia el
               foro.*) Lo despertaré yo! Quiero que...

OSHIDORI   (*Deteniéndola con el gesto.*) Perdón... Sien-
               to darle ese disgusto a la señora, pero aca-
               bo de ver que la señora está incluida en el
               tomo segundo...

ELENA   (*Paralizada.*) ¿Eh? Me llamo Elena... Tenía
               que estar en el tomo primero, letra E, ¡y no
               estoy!

OSHIDORI   Sí, señora. Pero es que el señor escribe Ele-
               na con hache... Es lo clásico.

ELENA   (*Sintiendo derrumbarse todo a su alrededor.*)
               ¡¡Oshidori!!

OSHIDORI   La señora aparece aquí bien claramente. (*Leyendo en su tomo.*) «Número 1. 401. Helena Conocida en Sakuska el 10 de junio. Una merienda, un paseo, una comida en el campo. Eligió pijama a rayas. Ella sabía quién era yo y todo me fue fácil».

ELENA   Todo le fue fácil, pero es que yo no sabía quién era él...

OSHIDORI   «Lloró con «El lago» de Lamartine».

ELENA   Eso es mentira, pero pudo ser verdad.

OSHIDORI   «Perdió la cabeza cuando le dije lo de los ojos».

ELENA   Eso es verdad y ahora me parece mentira.

OSHIDORI   «Bonita. Rubia. Joven».

ELENA   Todo exacto.

OSHIDORI   «Romántica, tirando a cursi...».

(*Después de leerlo se arrepiente de haberlo leído.*)

ELENA   ¿Eh? ¿Qué dice?

OSHIDORI   Nada; no dice nada...

ELENA   Déjeme... Necesito convencerme por mí
                 misma. (*Leyendo en el tomo.*) «Romántica, ti-
                 rando a cursi. Empalagosa. Irresistible...» (*Se
                 separa de Oshidori y va hacia el sillón lenta-
                 mente.*) Romántica, tirando a cursi... Empa-
                 lagosa. (*Dejándose caer en el sillón.*) Irresis-
                 tible... Me ha encontrado irresistible...
                 (*Apoya el codo en el sillón y oculta el rostro
                 en la mano. Hay una pausa.* OSHIDORI *da un
                 golpecito en el «gong». Luego contempla a
                 ELENA, y por fin saca un pañuelo y un fras-
                 quito del bolsillo y vierte en el pañuelo el con-
                 tenido del frasquito. En aquel momento ELE-
                 NA se rehace y alza la cabeza.*) ¿Qué hace us-
                 ted, Oshidori? ¿Qué es eso?

OSHIDORI   El frasco del éter, señora. Tomo mis precau-
                 ciones para cuando la señora se desmaye...

ELENA   (*Moviendo la cabeza tristemente.*) Esta vez
                 no hay desmayo, Oshidori. Desmayarse sig-
                 nifica nervios, voluntad contrariada, cora-
                 zón, sentimientos... y todo eso, Oshidori,
                 acaba de quedar muerto dentro de mí. ¿No
                 lo cree? También soy para usted una cursi...

OSHIDORI   ¡Oh, no, señora! Ni mucho menos...

ELENA   Entonces, para usted, ¿yo qué soy, Oshi-
                 dori?

OSHIDORI   Hasta hace un momento una verdadera ena-
                 morada y desde que la señora ha leído... lo

que ha leído, una mujer dispuesta a la desesperación.

ELENA ¡Cuánta clarividencia! ¡Qué conocimiento del alma!

OSHIDORI Sí, señora.

ELENA Y ahora me marcho. (*Levantándose.*) Voy a vestirme.

OSHIDORI He avisado ya a una doncella. (*A* PEPITA, *que acaba de aparecer en el foro.*) Póngase a las órdenes de la señora.

ELENA Está usted en todo. (*Volviéndose y viendo a* PEPITA, *Respetuosamente.*) ¡Ah! La marquesa...

PEPITA (*Indicándole a* ELENA *el primero izquierda.*) Pase la señora...

ELENA ¿Yo primero? No, no... Usted delante, marquesa, usted delante...

(*Obliga a hacer mutis a* PEPITA *y se va ella detrás.*)

OSHIDORI (*Viéndola ir.*) ¡Pobrecilla! Siendo la única que no se ha desmayado, es la única que me ha dado lástima...

Telón.

Acto primero

La misma decoración. Todo aparece igual que apareció al comenzar el prólogo. Han pasado tres meses, pero nada ha cambiado en casa de SERGIO. La persiana del ventanal está descorrida y la escena iluminada con luz de sol. En las dos puertas del primero y segundo izquierda, las llaves están puestas por fuera. Las puertas aparecen cerradas.

Comienza la acción a las tres de la tarde. Otoño. Al levantarse el telón, la escena sola. El fonógrafo se halla funcionando con un disco del «O Marie». Una pausa durante la cual se oye el «O Marie» a más y mejor. Después entra OSHIDORI por el foro, se dirige al fonógrafo y lo para. En ese momento rompe a sonar el teléfono, y coincidiendo con él entra PEPITA por la derecha.

OSHIDORI   *(Al teléfono.)* ¡Diga! Señora condesa... Buenas tardes, señora condesa. ¿Cómo dice la señora condesa? *(A PEPITA.)* Marquesa, la señora condesa dice que está negra.

PEPITA   ¿Qué está negra?

OSHIDORI   Completamente negra. (*Al teléfono.*) ¿Tres
             meses, señora condesa? ¡Es increíble, cómo
             se pasa el tiempo! (*A Pepita.*) Dice que hace
             ya tres meses que yo le anuncié que el se-
             ñor acudiría una tarde al sitio de costum-
             bre y que ¡nanay!

PEPITA   ¿Nanay?

OSHIDORI   Nanay y moscas tres...

PEPITA   ¡Es siempre la misma!

OSHIDORI   Pero ¿cómo se explica que la condesa de san
             Isidro sea tan chula, marquesa?

PEPITA   Presume de chispera. Según parece a su
             bisabuela le hizo un retrato Goya y ese acon-
             tecimiento ha arruinado sus buenos moda-
             les para siempre.

OSHIDORI   ¡Qué caso!

             (*Cuelga el auricular.*)

PEPITA   No me explico cómo Sergio ha podido lle-
             gar a nada con la condesa.

OSHIDORI   Fue el año pasado. El señor quería comple-
             tar su lista particular de aristócratas. Solo
             que la condesa está en esa edad en que las
             mujeres, antes que renunciar a un hombre,
             renuncian a la ondulación Marcel...

(OSHIDORI *ha cogido de encima de la mesita un pulverizador del tamaño de los del «Flit» y se ha liado a pulverizar la atmósfera.*)

PEPITA   Pero ¿qué haces, Oshidori?

OSHIDORI   Pulverizo éter. He descubierto que es más cómodo pulverizarlo en el aire que gotearlo en un pañuelo, con la ventaja de que así los desmayos no llegan a producirse...

PEPITA   ¡Qué talento!

OSHIDORI   Y cada vez que voy a echar a una, pues pulverizo.

PEPITA   Pero ¿es que hoy hay más de una, Oshidori?

OSHIDORI   Hoy hay dos.

PEPITA   ¡Dos!

OSHIDORI   Dos, marquesa. Una que vino por la noche y otra que vino por la tarde, pero que volvió por la noche, porque las hay que repiten. ¡Se están matando!

PEPITA   Y acabará matándonos a todas las que lo queremos sin egoísmos. Nita Numi ha perdido seis kilos; yo estoy quedándome ya como una sombra, y Leonor ha presentado su dimisión de secretaria porque no puede resistir más los celos.

(Se oyen unos golpecitos en la puerta del segundo izquierda.)

OSHIDORI   Una que se impacienta... Hay que actuar.

(Deja el pulverizador y va hacia el segundo izquierda.)

PEPITA   Yo prefiero no verlo. Voy a dar la cera en el «hall».

OSHIDORI   Hasta luego, marquesa. *(PEPITA se va tristísima por el foro. OSHIDORI hace jugar la llave del segundo izquierda. En seguida se abre la puerta y aparece FRANCISCA. OSHIDORI se inclina.)* Señora... *(FRANCISCA es una mujer esbelta, de edad indecisa, elegante, con una elegancia explosiva y provista de un aire dramático que lo mismo puede significar que es un personaje de Shakespeare, que puede significar que está mal de la cabeza. Entra con los ojos tapados por un pañuelo que sostiene en la mano derecha y lleva en la otra mano el sombrero y un «renard» a la rastra. Recorre la escena lentamente, deteniéndose en todos los rincones a llorar un poco hasta que OSHIDORI la aborda.)* Si la señora se sentase..., lloraría más tranquila la señora. *(Ella no le hace caso.)* ¿Por qué no se sienta la señora?

FRANCISCA   *(Muy cargada de razón, a través de sus lágrimas.)* ¡Sé llorar de pie!

OSHIDORI   Pero es que sentada lloraría la señora mucho más a gusto...

FRANCISCA   ¿Usted cree?

OSHIDORI   Pruebe la señora y verá...

             (*Le acerca un sillón.*)

FRANCISCA   (*Sentándose.*) ¡Pues es verdad! (*Llora sentada.*) ¡Qué bien se llora así! ¡Se llora divinamente! (*Llora más fuerte y de pronto levanta la cabeza.*) ¿A usted no le gusta llorar?

OSHIDORI   Muchísimo. Yo lloro todas las tardes, de cinco a seis.

FRANCISCA   ¡Qué suerte! ¡Yo no puedo! No puedo, porque a las cinco y media llega la manicura...

             (*Llora fuertemente.*)

OSHIDORI   (*Aparte.*) Es una histérica... ¡Mi especialidad!... (*Alto.*) Llorar es realmente estupendo, señora.

FRANCISCA   ¡Es divino! (*Llora con furia.*) ¡Divino!

OSHIDORI   Pero piense la señora que el llanto hace caer las pestañas...

FRANCISCA   (*Dejando de llorar en el acto.*) ¿Es cierto eso?

OSHIDORI   El evangelio del Instituto Isis.

FRANCISCA   Gracias... Avise a Sergio.

OSHIDORI   El señor no está visible, señora.

FRANCISCA   (*Cayendo en un súbito estado de desespera-
                  ción.*) ¡Que no está visible! ¡Eso más!... ¡Eso
                  más, dios mío! ¡Eso más, dios del Sinaí!...
                  (*Se levanta y pasea su desesperación.*) ¡Mofa
                  sobre mofa! ¡Befa sobre befa!

OSHIDORI   (*Siguiéndola.*) Señora...

FRANCISCA   ¡Mofa sobre befa!

OSHIDORI   Pero, señora...

FRANCISCA   ¡Befa sobre mofa!

OSHIDORI   Señora; yo le ruego...

FRANCISCA   ¡Estoy que mufo!

OSHIDORI   ¿Mufo?

FRANCISCA   Bueno..., ¡mafo!

OSHIDORI   (*Hecho un lío.*) ¿Mafo o bafo?

FRANCISCA   (*Liándose también.*) ¡Fobu!

OSHIDORI   (*Más liado todavía.*) ¡Bofu!

FRANCISCA   (*Triunfalmente.*) ¡¡Bufo!!

OSHIDORI   Bufo, eso es... ¡Lo que nos ha costado!

FRANCISCA   (*Cayendo otra vez en el sillón, hipando.*) ¡Jurarme que me quería para tenerme luego toda la noche bajo llave, como unos documentos!... ¡Trece horas encerrada! ¿Usted cree que se puede estar trece horas encerrada? ¿Y trece horas oyendo «O Marie»? ¿Usted cree que se puede estar trece horas oyendo «O Marie»?

OSHIDORI   Los italianos lo están oyendo hace ciento cuarenta y dos años...

FRANCISCA   ¡Pero yo no soy italiana!

OSHIDORI   Se nota en seguida.

FRANCISCA   Yo soy de Albacete.

OSHIDORI   Eso ya no se nota tan pronto. (*Aparte.*) Histérica de la Mancha.

FRANCISCA   ¿Y para esto me dijo que estaba muy solo? ¿Y para esto me recitó «El lago», de Víctor Hugo?

OSHIDORI   De Lamartine, señora.

FRANCISCA   ¡Bien se ha reído de mí! ¡Su amor, una burla; sus juramentos, una irrisión, y su encierro un oprobio! ¡Todo mofa! ¡Todo befa! ¡¡Todo!! (*Con una transición.*) ¿Qué hora es?

OSHIDORI   Las tres de la tarde.

FRANCISCA   No.

OSHIDORI   Sí, señora. Las tres y cinco en punto.

FRANCISCA   ¡No! ¡No me quejo! Lo prefiero...

OSHIDORI   ¡Ah! Bueno...

FRANCISCA   Prefiero que haya sido así. Es mi sino. Es mi destino. Soy una mujer fatal.

OSHIDORI   Sí, señora.

FRANCISCA   Sergio me lo dijo ayer tarde, y tiene razón. Yo he nacido para llorar. Para llorar y para sufrir intensamente. ¿Usted no ha nacido para sufrir intensamente?

OSHIDORI   Empiezo a creer que sí,

ÁGATA   (*Dentro.*) ¡Oshidori!

OSHIDORI   (*Aparte.*) La otra... Ahora se arma. (*Acercándose al primero izquierda seguido por la mirada estupefacta de* FRANCISCA.) ¿Señora?

ÁGATA   (*Dentro.*) Oshidori, avíseme un taxi y pro-
             porcióneme un abrigo. No es cosa de salir
             a la calle en traje de noche.

OSHIDORI   Sí, señora.

             (*Da un golpe con el «gong».*)

FRANCISCA   En el colmo del estupor. Pero... pero ¿qué
             es eso? Pero... ¿otra mujer, Oshidori?

OSHIDORI   Sí, señora. Otra mujer.

FRANCISCA   (*Desesperada.*) ¡Otra mujer! ¡Otra mujer en-
             cerrada! ¡Otra mujer a la que también le han
             tocado el «O Marie»! ¡Cristo del Gólgota!
             ¿Y quién es? El amor de Sergio, ¿verdad?
             ¡Bien me lo había sospechado yo! ¡Otra mu-
             jer el amor de Sergio! ¡San Mateo!¡San Fran-
             cisco de Asís!

             (*Cae en el sillón y queda con el rostro entre
             las manos.*)

OSHIDORI   ¡Pero qué exclamaciones más raras les en-
             señan en Albacete!

             (*Por el foro entra* PEPITA.)

PEPITA   ¿Llamabas, Oshidori?

OSHIDORI   Sí, marquesa. Que avisen a un «taxi». Y trái-
             gase un abrigo.

PEPITA   ¿El que se utiliza para que salgan a la calle
                las que vienen vestidas de noche?

OSHIDORI   El mismo.

                (PEPITA *se va por el foro.*)

FRANCISCA   (*Alzando la cabeza.*) ¡Cómo sufro, Oshido-
                ri! Todo se ha derrumbado a mi alrededor...
                Sufro tanto, que ya no puedo ser más feliz...

OSHIDORI   Mi enhorabuena, señora.

FRANCISCA   Porque está claro que yo solo he sido para
                Sergio una diversión.

OSHIDORI   Justamente.

FRANCISCA   Menos aún: un juguete, una cosa insigni-
                ficante, una especie de...

OSHIDORI   Una especie de pirulí.

FRANCISCA   ¡Exacto! Un pirulí. Algo que se coge, se pa-
                ladea...

OSHIDORI   Y se tira al llegar al palillo.

FRANCISCA   ¡Eso es, eso es!

OSHIDORI   Créame la señora: lo mejor que puede ha-
                cer es marcharse despreciando al señor.

FRANCISCA   ¡Eso no, Oshidori!

OSHIDORI   ¿No?

FRANCISCA   ¿Despreciarlo? ¡Nunca! ¿Despreciarlo, sabiendo que no le importo? ¿Despreciarlo, sabiendo que solo soy para él un pirulí? ¡Jamás! ¡Pero si mi vida es eso! Sufrir, apretarme el corazón, mascar pañuelos... Y marcharme, dejar de verlo para siempre, ¡tampoco!

OSHIDORI   ¿Tampoco?

FRANCISCA   Tampoco, Oshidori. Sergio me ha explicado el origen de su servidumbre. Y puesto que la secretaria ha presentado la dimisión, yo le hablaré para quedarme en su lugar.

OSHIDORI   ¡Muy bien!

FRANCISCA   Seré una más entre las que sufren...

OSHIDORI   Claro, claro.

FRANCISCA   Y seré lo que no son las otras: seré feliz. Al fin y al cabo, yo traduzco sufrimiento por regocijo. ¿Le choca?

OSHIDORI   No. He conocido gentes que todavía traducían peor.

(Por el foro entra PEPITA *con un abrigo de pieles.)*

PEPITA   El abrigo, Oshidori.

OSHIDORI   Gracias, marquesa. (*Lo coge.*) Esta señora
               quiere hablar con la secretaria; tenga la bon-
               dad de acompañarla.

PEPITA   Cuando la señora guste...

FRANCISCA   Vamos. Pero, señora, no, marquesa. Seño-
               ra, no. ¡Compañeras, marquesa! ¡Compa-
               ñeras!

               (*Se van por el foro.*)

OSHIDORI   (*Viendo abrirse la puerta del primero iz-
               quierda.*) ¡Ah! ya está aquí la otra... (*En
               efecto, por el primero izquierda entra* ÁGA-
               TA. *Es joven, elegante, bonita. Viste, como
               anunció, traje de noche y entra abrochán-
               dose los guantes.*) Señora... Aquí tiene el
               abrigo la señora...

               (*Avanza hacia ella.*)

ÁGATA   (*Deteniéndolo con el gesto.*) No se moleste.
               Lo he pensado mejor y no me voy... He oído
               todo, Oshidori... ¡Todo! Hasta eso de que
               Sergio no está visible y de que esta histéri-
               ca se queda de secretaria... Pero si Sergio no
               está visible, esperaré a que lo esté. He de-
               cidido no aguantar en silencio ni sus ma-
               nejos estúpidos ni las doscientas seis audi-
               ciones del «O Marie».

(Se sienta.)

OSHIDORI   *(Aparte.)* ¡Las ha contado!

ÁGATA   Yo no soy mujer con la que un hombre pueda divertirse un rato...

OSHIDORI   La señora me parece demasiado pesimista.

ÁGATA   Muchas gracias.

OSHIDORI   Pero la verdad es que el señor no está en casa. Ha huido esta mañana, señora.

ÁGATA   ¿Que ha huido? ¿De quién?

OSHIDORI   De un marido. De un marido que quería matarlo.

ÁGATA   ¿Pero todavía hay maridos que matan?

OSHIDORI   En las grandes ciudades, no, señora; pero este era de provincias, donde todavía atizan. Al señor solo le dio tiempo de saltar al coche, resuelto a irse a Córdoba por una temporada; pero la prueba de lo que ama a la señora está en que me encargó que la dijese que, hasta las cinco de la tarde, esperaba a la señora en la carretera de Andalucía, kilómetro cincuenta y seis. *(Aparte.)* Me parece que la mando cerca.

ÁGATA   ¿Qué dice usted?

(Se levanta.)

OSHIDORI   La verdad, señora.

(Da un golpe con el «gong».)

ÁGATA   ¡Dios mío! Pero ya son más de las tres...

OSHIDORI   Sí, señora...

ÁGATA   ¡Pronto! El abrigo... *(Se lo pone ayudada por* OSHIDORI.*)* Me estaba temiendo algo. No he hecho más que mezclarme en su vida, y ya se ve Sergio perseguido y huyendo... Y es que no cabe duda; él tiene razón: hay en mí algo fatal...

(En el foro aparece PEPITA.*)*

OSHIDORI   Sí, señora. *(A* PEPITA.*)* ¿Avisaron al taxi?

PEPITA   Está abajo.

ÁGATA   ¡Y aún tengo que ir a casa, cambiarme de ropa, coger el coche!... ¡Con tal que llegue a tiempo! *(Inicia el mutis.)* ¿Ha dicho kilómetro cincuenta y seis, verdad?

OSHIDORI   No, no. Ciento, ciento cincuenta y seis, señora.

ÁGATA   Sí, sí...

(Se va por el foro.)

OSHIDORI *(Desde la puerta.)* Pero si el señor no estuviera ya allí, le aconsejo a la señora que siga hasta Córdoba... *(Frotándose las manos.)* ¡Útil!

PEPITA ¡Qué talento, Oshidori!

OSHIDORI Práctica, marquesa, nada más que práctica... Acompáñela y prepare el desayuno del señor... Yo voy a llamarlo...

PEPITA Muy bien.

(Se va por el foro. OSHIDORI se dirige al tapiz, pero antes de que llegue a él se descorre este y entra SERGIO. Tiene alrededor de los treinta y cinco años, pero cierto aire de aburrimiento y de prematuro cansancio le hace parecer de más edad. Viste un pijama y un batín y calza zapatillas.)

SERGIO Salud, Oshidori.

OSHIDORI Buenas tardes, señor. ¡El señor se ha levantado hoy sin que lo llamase!

SERGIO Sí. ¿Te extraña?

OSHIDORI De ningún modo. Yo siempre espero del señor algo original.

(Se va por la alcoba.)

SERGIO   *(Acercándose al ventanal.)* Hace buen día, ¿verdad?

OSHIDORI   *(Dentro.)* Sí, señor. El barómetro indica lluvia, pero el sol luce de un modo espléndido.

SERGIO   Yo nunca hago caso de los barómetros.

OSHIDORI   *(Entrando en escena.)* Ni el sol tampoco.

SERGIO   ¡Muchas gracias, Oshidori! (OSHIDORI *ha sacado de la alcoba uno de esos muebles de níquel y cristal denominados «pajes» que se utilizan para el afeitado. Sergio se mira en el espejo.)* ¡Qué mala cara tengo! Cada vez amanezco con peor cara... ¿No te parece?

OSHIDORI   No, señor. *(Preparando los chismes para afeitar a Sergio.)* ¿Quiere el señor que le ponga apaisado?

SERGIO   Sí, Oshidori; ponme apaisado.

          (Oshidori le apoya las piernas en un asiento, dejándolo tumbado.)

OSHIDORI   ¿Algo más?

SERGIO   Nada, Oshidori. Eres un estuche.

OSHIDORI   (*Empezando a enjabonarle la cara para afei-
            tarlo.*) Todo criado está en la obligación de
            ser un estuche cuando sirve a un amo que
            es una alhaja.

SERGIO   ¿Cuándo he dicho yo eso?

OSHIDORI   El año pasado en Ostende.

            (*Suena el teléfono.*)

SERGIO   Es verdad, es verdad... Ya no me acordaba.

OSHIDORI   (*Al aparato.*) ¡Diga! (*A* SERGIO.) Señor, la se-
            ñorita Lili.

SERGIO   ¿Cuál de ellas? Porque las Lilis son tres.

OSHIDORI   (*Al aparato.*) ¿Lilí qué, señorita? (*A Sergio.*)
            Lili Emiliana, señor.

SERGIO   Pues dile que se vaya a paseo.

OSHIDORI   Señorita, el señor dice que esta tarde, a las
            seis, en la Moncloa.

            (*Cuelga. Vuelve a enjabonar a Sergio.*)

SERGIO   No quiero saber nada de ella. Se trata de una
            de esas muchachas, que ahora se estilan tan-
            to, que toman baños de sol, nadan, gastan
            boina, leen a Freud y se pasan el resto del
            día encaramadas en un auto.

OSHIDORI	¿Y al señor no le agradan esas deportivas?

SERGIO	No. Les sabe la boca a neumático y convierten el amor en una carrera de las XII horas.

OSHIDORI	*(Empezando a afeitarlo.)* ¡Precioso! ¡Precioso! Con permiso del señor, voy a apuntar esa frase. *(Saca un cuadernito y escribe en él.)* ¡Qué día! ¡Qué día tiene hoy el señor!

(Escribe rápidamente.)

SERGIO	¿Y a las de anoche? ¿Te ha costado mucho trabajo echarlas?

OSHIDORI	No, señor. A una de ellas la he mandado a Córdoba.

(Vuelve junto a SERGIO *y prosigue el afeitado.)*

SERGIO	Bien hecho. Hay que fomentar el turismo.

OSHIDORI	La otra quiere quedarse de secretaria del señor. Asegura haber venido al mundo para sufrir intensamente.

SERGIO	Sí. Le falta un tornillo.

OSHIDORI	El señor es muy benévolo; yo creo que le falta también la tuerca.

(Por el foro entra PEPITA *empujando una mesita con ruedas, en la que hay un desayuno.)*

PEPITA   El desayuno, Sergio.

SERGIO   Hola, Pepita.

PEPITA   (*Muy solícita y enamorada.*) ¿Has descansa-
             do bien?

SERGIO   (*Con aire aburrido.*) Sí, Pepita. Muy bien.

PEPITA   ¿Te diste la ducha fría?

SERGIO   Sí...

PEPITA   ¿Has tomado el reconstituyente? ¿Has he-
             cho la gimnasia respiratoria y el...?

SERGIO   Sí, Pepita, sí.

PEPITA   Cuídate, Sergio, ¡por dios!... Mira que lle-
             vas una vida imposible... Que esa vida no
             hay quien la resista...

SERGIO   Prescinde de darme consejos, Pepita. Soy
             mayor de edad desde 1922.

PEPITA   (*Suspirando.*) ¡Está bien!

             (PEPITA *se va suspirando, tristísima, por el
             foro.*)

OSHIDORI   El señor tiene locas a todas. Yo cada vez ad-
             miro más al señor.

SERGIO   Pues no me admires ni me envidies, Oshi-
              dori, porque no soy feliz. Empiezo a darme
              cuenta de que coleccionar mujeres es tan ab-
              surdo como coleccionar sellos, con la des-
              ventaja de que al final nadie te compra la
              colección.

OSHIDORI   ¡Estupendo! (*Deja de afeitarlo y recurre al
              cuaderno.*) ¡Qué día! ¡Pero qué día tiene hoy
              el señor! Si el señor sigue así de inspirado
              no sé cuándo acabaré de afeitarle...

SERGIO   Este oficio es muy pesado, Oshidori...

OSHIDORI   Sí, señor. Debe ser pesadísimo. (*Acabando
              de afeitarlo.*) El señor está servido. Puede el
              señor pasar aquí. (*Lo instala ante el desayu-
              no, le sirve y queda de pie a su lado.*) En cuan-
              to a mi opinión personal, es que el señor
              vive demasiado bien para ser feliz.

SERGIO   ¿Tú crees?

OSHIDORI   Seguramente. El señor necesita una catás-
              trofe.

SERGIO   ¿Automovilística?

OSHIDORI   Cardíaca. El señor necesita enamorarse.

SERGIO   (*Poniéndose pálido.*) ¡¡Oshidori!!

OSHIDORI   ¿Qué es eso? ¿Le ocurre algo al señor?

SERGIO	Oshidori, ¿tú crees que yo puedo enamorarme?
OSHIDORI	Sí, señor.
SERGIO	¿Y si yo te dijese: «tengo la sospecha de estar enamorado», ¿lo creerías también?
OSHIDORI	También, señor.
SERGIO	¿Y por qué lo creerías?
OSHIDORI	Porque el señor se está untando la mantequilla en la palma de la mano.
SERGIO	(*Limpiándose.*) Acabas de tener un rasgo de talento, Oshidori.
OSHIDORI	(*Inclinándose con modestia.*) Señor, es mi costumbre.
SERGIO	Y la verdad es esa. La triste verdad es que entre todas las mujeres que han pasado por mi vida, Oshidori, ha habido una a la que no he podido olvidar y de la que no he vuelto a saber nunca nada. Era rubia y tenía ese «no sé qué» que se nos mete en el corazón no se sabe cuándo, que se nos agarra no se sabe cómo, que nos incita no se sabe a qué y que nos arrastra no se sabe adónde. ¿Te enteras?
OSHIDORI	Es difícil, pero, sí, señor.

SERGIO   La amé, la archivé y la olvidé, como a tantas otras; pero un día el fantasma de aquella mujer comenzó a rondarme, y desde entonces solo vivo para su recuerdo, la busco inútilmente en las demás y no tengo más esperanza que volver a encontrarla de nuevo. Y desde entonces también, el nombre de ella no se borra jamás de mi imaginación. ¿Sabes qué nombre es ese?

OSHIDORI   Elena.

SERGIO   (*Estupefacto.*) ¡Elena! ¡Elena, sí! Pero, ¿cómo has podido adivinarlo?

OSHIDORI   Ya hace tres mañanas que cuando entro a despertar al señor, el señor me coge por las solapas y, exclamando «¡Elena mía!», me da un beso...

SERGIO   ¿Qué? ¿Que yo te doy un beso?

OSHIDORI   Un ardiente beso, señor.

SERGIO   ¡No es posible!

OSHIDORI   Sí, señor.

SERGIO   Pero ¿y cómo no me lo has dicho hasta hoy?

OSHIDORI   Señor, uno tiene sus pudores...

SERGIO	(*Levantándose airado.*) ¡Es el colmo! ¡El colmo! ¡Haber dado un beso a un hombre!...
OSHIDORI	Tres, señor, tres
SERGIO	¡Haber dado tres besos a un hombre! ¡Yo! ¡¡Yo!! Oshidori, te juro por mi honor que eres tú el primer hombre a quien beso.
OSHIDORI	(*Emocionado.*) ¡Qué feliz me hace el señor con sus palabras!
SERGIO	(*Más indignado todavía.*) ¡Pero no te lo digo para hacerte feliz! ¡Se necesita ser fatuo!...
	(*Por el foro entra* LEONOR *seguida de* FRANCISCA.)
LEONOR	¿Se puede, Sergio?
SERGIO	Adelante.
	(*Entra* LEONOR, *es guapa y lleva una cartera con documentos.*)
LEONOR	(*A* SERGIO, *tan solícita y cariñosa como* PEPITA.) ¿Descansaste bien? ¿Has...?
SERGIO	(*Cortándolo, con muy mal aire.*) Sí, Leonor, sí. Me encuentro admirablemente y no necesito nada. Así es que sobran las preguntas.

(Leonor *se muerde los labios y se retira cabizbaja a la mesita.*)

OSHIDORI   (*Aparte.*) Eso es castigar, y no dejar sin postre...

SERGIO   ¿Ocurre algo?

LEONOR   Nada. Venía a despachar y a saber si aprobabas la elección de la señorita Montánchez, que quiere sustituirme.

FRANCISCA   ¡Di que sí! ¡Di que sí, Sergio! ¡Y perdóname, dueño mío!

SERGIO   ¿Eh?

FRANCISCA   ¡Perdóname el no haberme marchado! Perdóname si intento quedarme... No me digas nada. Ya sé que no me quieres. Ya sé que solo soy para ti un pirulí.

SERGIO   ¿Un pirulí?

FRANCISCA   Un pirulí. Tu criado lo ha dicho.

SERGIO   (*A* OSHIDORI.) ¿Tú has dicho que ella es un pirulí?

OSHIDORI   Me he permitido esa pequeña definición, señor.

FRANCISCA   ¿Lo ves? ¡Y no me importa! Lo que sí me importa, Sergio, es quedarme, verte a diario, envidiar a las que ames, gemir, morder el polvo...

SERGIO   ¿Morder el polvo?

FRANCISCA   ¡Morder el polvo, Sergio! Trátame como a una esclava, pero ¡consiente! Humíllame, pero; ¡déjame quedarme en el puesto de esta señorita de la falda tableada! ¡Sergio! ¡¡Sergio!!

(Se echa hacia él, que continúa sentado ante el desayuno, y se inclina hasta casi tocar la alfombra con el pelo.)

SERGIO   *(A Oshidori.)* Pero ¿qué hace?

OSHIDORI   Debe estar mordiendo el polvo.

SERGIO   Vamos, vamos, Francisca... Quédate, pero sin histerismos...

FRANCISCA   *(Levantándose muy alegre.)* ¡Que me quede! ¡Santa madona!

(Dentro, en el foro, se oyen voces femeninas que disputan.)

SERGIO   ¿Qué es eso? ¿Qué pasa?

OSHIDORI   Será que pelean algunas de las señoras que hay esperando a que el señor reciba...

SERGIO   ¡Claro! Habréis puesto a dos juntas en la misma habitación... ¿Cómo voy a deciros que a las visitas me las pongáis siempre incomunicadas? Anda a ver...

OSHIDORI   Sí, señor. (*Dirigiéndose a las que están dentro.*) ¡A la cola, a la cola, señoras!

              (*Se va por el foro.*)

SERGIO   (*Que sigue desayunando, a* LEONOR, *que ha abierto la cartera y se ha sentado ante la mesita, teniendo a* FRANCISCA *de pie a su lado.*) Correo, Leonor...

LEONOR   (*Consultando sus papeles.*) Veintitrés declaraciones de Madrid y catorce cartas de aspirantes de provincias...

SERGIO   Contestad a todas negativamente. Esas cartas fueron escritas ayer, que era domingo. Y las mujeres que escriben a un hombre en domingo no lo hacen porque estén enamoradas, sino porque no habían salido de paseo por la tarde y se aburrían solas en casa.

FRANCISCA   (*Aparte. Admirada.*) ¡Qué psicólogo!

SERGIO   Adelante, Leonor...

LEONOR   Nueve anónimos llenos de insultos.

SERGIO   ¿Escritos con letra de hombre o con letra de mujer?

LEONOR   Con letra de hombre

SERGIO   Entonces son de mujer.

FRANCISCA   (*Aparte.*) ¡Qué psicólogo tan tremendo, Santa María de la Cabeza!

                (*Por el foro entra* OSHIDORI *llevando ropas de* SERGIO *y con dirección a la alcoba.*)

SERGIO   ¿Qué visitas hay esperando, Oshidori?

OSHIDORI   Siete señoras.

                (*Se va por la alcoba.*)

LEONOR   Y un caballero.

SERGIO   ¡Ah! ¿Un caballero también? ¿Con aspecto de padre, de hermano, de marido, de amante?...

LEONOR   No, no. Viene de buenas.

                (*Por la alcoba entra* OSHIDORI *después de dejar allí las ropas que llevaba.*

SERGIO   ¿De buenas?

LEONOR   Sí, porque viene a traerte dinero...

OSHIDORI   Entonces viene de buenísimas.

SERGIO   (Levantándose, dando su desayuno por aca-
                bado.) ¿Que viene a traerme dinero?

LEONOR   Doscientas mil pesetas.

                (Estupefacción.)

SERGIO   ¿Doscientas mil pesetas, Leonor? Pero
                doscientas mil pesetas, ¿de qué?

OSHIDORI   ¡Mira que si fueran de plata!

LEONOR   Se ha negado a facilitarme detalles. Aquí está
                su tarjeta. (Se la da.) Dice que solo habla-
                rá contigo.

SERGIO   (Leyendo la tarjeta.) «Barón Reginaldo de
                Pantecosti. París. Londres. Cercedilla».

OSHIDORI   Se ve que es un hombre internacional.

SERGIO   No lo conozco. ¿Qué tipo tiene?

LEONOR   Es distinguido, desenvuelto... Parece haber
                vivido mucho.

SERGIO   Pero ¿haber vivido dónde?

OSHIDORI   Sí, porque si ha sido en Cercedilla...

LEONOR	Lo único que sé es que para decidirme que te pasara recado me ha enseñado el cheque, extendido a tu nombre.
SERGIO	¿Que has visto el cheque? ¿Tú qué opinas de esto, Oshidori?
OSHIDORI	Que el señor debe recibirlo en seguida.

(Por el foro entra PEPITA, *agitada.)*

PEPITA	¡Sergio!
SERGIO	¿Qué hay?
PEPITA	Acaba de llegar la condesa de San Isidro...
SERGIO	¿La condesa?
PEPITA	La he visto desde el ventanal del «hall». Debe venir furiosa, porque, al bajar del coche, ha cerrado la portezuela con un golpe tan fuerte que se ha parado el motor...
OSHIDORI	¡Total, nada!
SERGIO	Pues anda, Oshidori, sal e inventa algo para que se vaya y no vuelva más.
OSHIDORI	Sí, señor. *(Aparte.)* Se van a oír los gritos en Londres.

(Se va por el foro.)

SERGIO   Tú, Pepita, haz pasar al caballero que está es-
           perando. (PEPITA *se va por la derecha.*) Y tú,
           Francisca, hazte cargo de todos los papeles
           (*Por los de la cartera.*) y despide a esas sie-
           te señoras. Les dices que no recibo. Y si hu-
           biera ataques de nervios, avisas a Oshidori
           para que pulverice éter en el vestíbulo.

           (*Inicia el mutis por la alcoba.*)

FRANCISCA Muy bien.

           (*Arregla los papeles ante la mesita.*)

LEONOR   (*Saliendo al paso a* SERGIO.) Y a mí..., ¿no tie-
           nes nada que decirme, Sergio?

           (*Con voz ahogada.*)

SERGIO   Que quedo muy agradecido de tus servicios
           y que celebraré que seas feliz...

           (*Se va por la alcoba.*)

LEONOR   (*Echándose a llorar.*) ¡Que sea feliz! ¡Como
           si yo pudiera ser feliz algún día!...

           (*Llora. Por la derecha entra* REGINALDO DE
           PANTECOSTI *seguido de* PEPITA. *Es un señor
           ya maduro, elegante y con cierto aspecto de
           infeliz y de sinvergüenza a partes iguales. Al
           entrar y ver llorar a* LEONOR *se detiene un*

instante, pero en seguida reacciona y saluda con una inclinación.)

PEPITA   Pase, caballero, y tenga la bondad de esperar un instante. ¡Leonor! ¿Qué es eso?

(Va hacia ella.)

LEONOR   ¡Que es un infame! ¡Que no tiene corazón!

PEPITA   ¡Qué va a tenerlo!

FRANCISCA   Y si lo tiene lo usa para otras cosas...

LEONOR   ¡Sabe que todo lo dejé por él y lo único que se le ocurre decir al despedirme es que sea feliz!

PEPITA   *(Llora también.)* ¡Y menos mal que a usted le dice eso, porque a mí, que también lo dejé todo por él, lo único que me dice de vez en cuando es que saque bien la cera!

FRANCISCA   *(Llora también. Iniciando el mutis detrás de ellas.)* ¡Lloren! ¡Lloren ustedes, amigas mías!... ¡Es estupendo! Se caen las pestañas... ¡Pero es estupendo!

(Se van las tres por el foro, después de hacer inclinaciones a PANTECOSTI.*)*

PANTECOSTI   (*Que ha seguido la escena atentamente y que también las ha saludado en el mutis.*) Bueno; esto parece una casa particular, pero no es una casa particular: es la casa «Ufa». Mucho me habían contado hasta decidirme a venir, pero la realidad supera al chisme callejero, como dijo el poeta. ¡Qué caso! En mi vida he conocido un hombre que tenga tanto éxito entre las mujeres... Si consigo convencerlo, el triunfo es seguro... Y vive bastante bien. Debe tener dinero, y eso es lo malo, porque como le dé por no aceptar los cuarenta mil duros, estamos perdidos... ¿Cuántas mujeres habrá hecho desfilar ese hombre por aquí? Se ve que está todo preparado para recibir visitas femeninas. (*Fisgando en la mesita.*) Cigarrillos turcos... Lápices de labios... Imperdibles... Agujas para coger puntos de las medias... No olvida un detalle. (*Mirando al fajo de revistas que hay sobre la biblioteca.*) Y en periódicos solo tiene revistas técnicas. «La Mujer y la Casa», «La Mujer y la Moda», «La Mujer y el Adulterio. Todo revistas técnicas. (*Viendo los cuatro libros de la biblioteca.*) ¿Serán estos los famosos libros donde dicen que apunta sus conquistas?... (*Abriendo uno.*) ¡Pues sí que lo son! ¡Qué ocasión para descubrir algunos de sus secretos! ¡Pero, no! (*Deja el tomo en su sitio.*) Más vale. A lo mejor me encuentro aquí apuntada a mi mujer, y el médico me tiene dicho que no me disguste...

(Se sienta. Se oye un rumor de voces dentro y en seguida entran por el foro OSHIDORI *y* ADELAIDA. *Esta es una dama de cuarenta años largos, muy elegante, de expresión autoritaria y desgarrada. Al entrar, todavía* OSHIDORI *intenta cortarle el paso.)*

OSHIDORI   Señora condesa... Le aseguro a la señora condesa...

ADELAIDA   *(Apartándole con la mano.)* Oshidori, no hagas más el canelo y déjame en paz...

OSHIDORI   Créame la señora condesa que...

ADELAIDA   Pues nada, chico, no te creo; para que veas... *(Entra.)* He dicho que vengo a verle y lo veré; ya lo verás... Y tú quítate de mi vista, porque estoy viendo que te veo y no te veo... ¡Vamos, tendría que ver! *(A* PANTECOSTI.*)* Caballero, perdone usted, que no lo había visto...

(Se sienta.)

PANTECOSTI   *(Que se ha puesto de pie.)* Señora...

ADELAIDA   ¿También usted viene a ver a Sergio, verdad? Pero a usted no le habrán dicho que no está en casa... A usted no le habrán dicho, como me ha dicho a mí ese, que se ha ido a Logroño a un partido de fútbol.

(Al accionar se le escapa el bolso.)

PANTECOSTI   No, señora; no me lo han dicho.

ADELAIDA   Por eso conserva usted la tranquilidad. Pero yo he perdido la tranquilidad y el bolso. ¿Dónde está el bolso?

OSHIDORI   Aquí tiene el bolso la señora condesa.

(Se lo da.)

ADELAIDA   Gracias.

OSHIDORI   Lo que me es imposible devolverle es la tranquilidad. Por el contrario: tengo que decirle a la señora condesa algo muy grave, que...

PANTECOSTI   *(Levantándose.)* Si estorbo...

ADELAIDA   No estorba usted, caballero. Siéntese.

PANTECOSTI   Sí, señora.

(Se sienta.)

OSHIDORI   Ante todo, saque un pañuelo la señora condesa... La señora condesa va a llorar amarguísimamente cuando yo le diga...

ADELAIDA   Mira, no sigas, Oshidori. Nos conocemos de antiguo y te consta que a mí los trucos sentimentales, ¡carrasclás!

PANTECOSTI   *(Extrañado.)* ¿Carrasclás?

ADELAIDA   Carrasclás y lerén lerito, que cantaba mi bis-
             abuela.

OSHIDORI   La del retrato de Goya...

ADELAIDA   La misma. Y si lo sabes me ahorras las ex-
             plicaciones. Y no me vengas con cuentos de
             camino acerca de tu amo, porque yo no llo-
             ro. En el primer momento me ablando; pero
             pasado el primer momento, me acuerdo de
             mi bisabuela, que era de las que bajaban al
             Pardo por bellotas, y soy capaz de sacudir
             a la remanguillé...

PANTECOSTI   ¿A la remanguillé, señora?

ADELAIDA   A la remanguillé, caballero. Es castellano.

PANTECOSTI   (*Aparte.*) Será castellano antiguo...

ADELAIDA   Con tu amo, después de cuatro meses de mi-
             cos, de esquinazos y de toreo de la escue-
             la rondeña, el primer pronto se me ha pa-
             sado ya.

OSHIDORI   ¡Ya!

ADELAIDA   ¿Es eco?

OSHIDORI   Es asentimiento, señora condesa.

ADELAIDA   Y hoy me he acordado de mi bisabuela y
             vengo dispuesta...

PANTECOSTI   ¡Ya, ya! A sacudir a la remanguillé.

ADELAIDA   Exactamente, caballero. Usted me entiende... (*A* OSHIDORI.) Así es que dile a ese que salga.

OSHIDORI   ¿A ese?

ADELAIDA   A ese, sí. A Sergio.

OSHIDORI   Lo siento, señora condesa; pero el señor se enfadaría mucho si le pasara recado...

ADELAIDA   ¿Que se enfadaría? ¿Por qué?

OSHIDORI   Porque... (*Aparte a* PANTECOSTI.) Caballero, trasládese usted a aquel rincón...

    (*La izquierda.*)

PANTECOSTI   (*Aparte a* Oshidori.) ¿A aquel rincón?

OSHIDORI   (*Aparte a* PANTECOSTI.) Sí, señor. Esto es zona peligrosa...

PANTECOSTI   (*Aparte.*) ¡Caramba!

    (*Se levanta y, disimulando, se va a la izquierda.*)

OSHIDORI   (*A* ADELAIDA, *con una gran valentía.*) El señor me ha dicho que no quiere ver más a la señora condesa...

ADELAIDA   (*Dando un respingo.*) ¿Cómo?

OSHIDORI   Que ha acabado con la señora condesa para siempre.

ADELAIDA   (*Se levanta con un verdadero rugido, atiza un puñetazo en la mesita y se carga la lámpara.*) ¡¡¿Eh?!!

PANTECOSTI   ¡Arrea!

     (OSHIDORI *no se inmuta.*)

ADELAIDA   (*Pálida de rabia.*) Pero... Pero ¿qué estoy oyendo? Pero... ¿qué has dicho? ¡Repite eso! ¡¡Repítelo otra vez!!

PANTECOSTI   (*Aparte a* OSHIDORI.) No lo repita usted, que está allí mi hongo...

ADELAIDA   ¡¿Que ha acabado conmigo para siempre?! ¡¿Que no quiere verme más?!...

PANTECOSTI   Señora, calma...

ADELAIDA   ¡¿Que no quiere verme más?! ¡¿Que ha acabado conmigo para siempre?!

PANTECOSTI   Tranquilícese usted, señora...

     (*En este momento por la alcoba aparece* SERGIO. *Viste el traje que llevó a la alcoba* OSHIDORI. *Al aparecer hay un silencio profundo.*)

SERGIO (*Dominando la situación con una mirada.*) ¡Qué espectáculo! ¡Qué espectáculo tan repugnante! (*A* ADELAIDA.) Tú tenías que ser...

OSHIDORI Señor...

PANTECOSTI (*Aparte.*) El protagonista...

SERGIO (*A* ADELAIDA.) Ni una palabra más... ¿Entendido? Ni una palabra más...

PANTECOSTI (*Aparte.*) Las domina...

SERGIO (*Volviéndose a* PANTECOSTI *muy amable.*) Dispense usted, caballero, que me presente de este modo, pero las mujeres acaban por ponerle a uno alguna vez en ridículo.

PANTECOSTI Lo sé, señor Hernán. Estoy casado.

(*Se estrechan la mano.*)

SERGIO Discúlpeme un instante. Siéntese. Estoy con usted en seguida.

PANTECOSTI Sí, señor. Muchas gracias.

(*Se sienta.* OSHIDORI *se va por la derecha.*)

ADELAIDA (*Acercándose a* SERGIO, *sin los humos de antes, con voz dulce.*) Supongo, Sergio, que lo que acaba de decirme Oshidori será una fantasía morisca para canto y piano...

SERGIO	Nada de fantasías moriscas, Adelaida. «Aquello» concluyó y ya no se reanudará nunca. Sabes que no tolero las «segundas ediciones».
PANTECOSTI	(*Aparte.*) ¡La llama segunda edición!
SERGIO	Y lo que te ha dicho Oshidori es la verdad.
ADELAIDA	Pero ¿la verdad fetén?
SERGIO	La verdad fetenísima.
PANTECOSTI	(*Aparte.*) Las domina... Las domina, no cabe duda...

(OSHIDORI *entra por la derecha con un clavel blanco en la mano y se lo pone a Sergio.*)

ADELAIDA	¿Y no tienes nada más que decirme?
SERGIO	Sí. Tengo que decirte que no insistas; que el amor, Adelaida, es como la salsa mayonesa: cuando se corta uno, hay que tirarlo y empezar otro de nuevo.
PANTECOSTI	(*Aparte a* OSHIDORI.) ¡Qué frase!
OSHIDORI	(*Aparte a* PANTECOSTI.) Ocho cuadernos tengo llenos de cosas así...
ADELAIDA	Está bien. Me voy.

(Inicia el mutis.)

PANTECOSTI   *(Aparte.)* ¡Ya se va!... Se ha olvidado de su bisabuela...

ADELAIDA   *(Parándose en el foro.)* Pero oye, Sergio... Tú podrás estar muy acostumbrado a jugar a tu antojo con las mujeres, pero que se te quite de la cabeza la idea de que también vas a jugar conmigo, porque yo no soy un «meccano»...

PANTECOSTI   *(Aparte.)* Se acuerda de su bisabuela otra vez...

ADELAIDA   Y ya que aquí había una mesa puesta para dos, en la que ahora quiere comer uno solo, pues voy a tirar del mantel para que no coma nadie.

SERGIO   Bueno...

ADELAIDA   Abajo, en el coche, está mi marido, que le he dicho que esperase, que venía al dentista...

PANTECOSTI   *(Aparte.)* ¡Qué cosas nos dicen a los maridos!

ADELAIDA   Pero ahora le voy a explicar la clase de dentista que eres tú, y la clase de consultas celebradas entre tú y yo, ¡con lo cual me figuro que el único que va a empezar a estropear dentaduras va a ser él!

PANTECOSTI   ¡Atiza!

ADELAIDA   Atizará, caballero. Y mucho gusto.

(Se va por la derecha.)

PANTECOSTI   *(Alarmadísimo a* SERGIO.*)* ¡Y además es capaz de hacerlo como lo dice, señor Hernán! ¡Es capaz de todo! Porque si usted la hubiese oído respirar cuando...

SERGIO   *(Muy tranquilo.)* No se preocupe usted, caballero.

OSHIDORI   No se preocupe el señor barón.

PANTECOSTI   ¡Pero es que!...

SERGIO   No pasa nada.

OSHIDORI   No pasa nunca nada.

PANTECOSTI   Bueno... *(Desconcertado.)* Le juro a usted que estoy lleno de admiración...

SERGIO   ¡Bah!

OSHIDORI   Si el señor barón tuviera nuestra práctica...

SERGIO   Si tuviera usted nuestra práctica, caballero... *(Alzándose de hombros.)* ¡Maridos, Oshidori!

OSHIDORI   ¡Maridos! ¡Qué risa!

PANTECOSTI   ¡Maridos! ¡A mí ya...!

(Se encoge de hombros.)

SERGIO   Y ahora hable usted tranquilamente. Me han dicho, con mi natural sorpresa, que viene usted a traerme doscientas mil pesetas... ¿Es cierto eso, barón?

PANTECOSTI   Es cierto, señor Hernán.

(Oshidori le da un cigarro al barón y se lo enciende. Luego coge dos almohadones y se los pone en la espalda.)

SERGIO   ¿Y esos cuarenta mil duros, barón, ¿me los regala usted o tendré que ganarlos?...

PANTECOSTI   Tiene usted que ganarlos.

SERGIO   Desilusionado. ¡Ah, vamos!...

(Oshidori le quita los almohadones al barón. Después le quita también el cigarro. Pantecosti se queda como quien ve visiones.)

PANTECOSTI   ¡Bueno!... Pero su trabajo es tan agradable y tan propio de usted... En dos palabras: cuando se necesita un traje se va a casa del sastre, y cuando se necesita un sombrero se va a casa del sombrerero... Yo necesito un seductor y vengo a su casa, señor Hernán.

SERGIO	¿Entonces?
PANTECOSTI	Sí, señor. Le ofrezco los cuarenta mil duros a cambio de enamorar a una mujer.
SERGIO	Comprendido. Alguna vieja loca que...
PANTECOSTI	Nada de viejas locas. Vea usted su retrato...
	(Saca un retrato del bolsillo y se lo da.)
SERGIO	*(Viendo el retrato, levantándose y dando un grito terrible.)* ¡¡Ah!!
PANTECOSTI	*(Asustado.)* ¡Caray!
	(Se levanta y se parapeta.)
SERGIO	¡Ah!
OSHIDORI	¿Qué es eso? ¿Qué le ocurre al señor?...
SERGIO	¡Ah! ¡Mira! ¡Ah!
	(Le enseña el retrato.)
OSHIDORI	*(Aparte.)* ¡Demonio! ¡Si es ella!
	(SERGIO se pone muy pálido, cierra los ojos y se tambalea. OSHIDORI lo echa en el sillón.)
PANTECOSTI	*(Asombrado.)* ¡Qué impresión ha hecho!

OSHIDORI   ¡Y se ha desmayado!

PANTECOSTI   ¿Que se ha desmayado? ¡Válgame Dios!
              ¿Grito? ¿Llamo? ¿Traigo agua?

OSHIDORI   ¡Chist! ¡¡Quieto!! Nada, no haga nada el
              señor barón. En la casa no hay más que
              mujeres enamoradas de él. ¡Pues menudo
              barullo se armaría si llamásemos! Déjeme
              a mí... Sujétele la cabeza... Voy a pulveri-
              zar éter...

PANTECOSTI   Sí, sí... (*Le sujeta la cabeza a Sergio mientras*
              OSHIDORI *pulveriza éter.*) ¿Volverá?

OSHIDORI   ¡No ha de volver!

PANTECOSTI   ¿Y cuándo notaremos que vuelve?

OSHIDORI   Pues cuando vuelva.

PANTECOSTI   ¡Caballero! ¡Caballero, regrese!

              (SERGIO *suspira.*)

OSHIDORI   ¡Ya!

PANTECOSTI   ¿Ya?

OSHIDORI   ¡Ya! (SERGIO *abre los ojos.*) Vamos, señor, va-
              mos... Ya pasó... ¿Quiere el señor que le trai-
              ga algo?

SERGIO   (*Con voz débil.*) Tráeme al barón...

OSHIDORI   Está aquí...

PANTECOSTI   Estoy aquí, señor Hernán...

SERGIO   ¡Ah! ¿Está aquí? Pues, pronto... ¡Sin dilaciones, barón!... ¡Explíqueme! Dígame todo lo que sepa de esa mujer... Hable... Y no omita detalle.

               (OSHIDORI *vuelve a ponerle los almohadones en la espalda a* PANTECOSTI, *derrochando amabilidad. Luego le mete otro cigarro en la boca y se lo enciende.*)

PANTECOSTI   ¿No me lo quitará usted luego?

OSHIDORI   Este no, señor barón.

PANTECOSTI   Vaya, menos mal... (*A* SERGIO.) Pues... ante todo... ¿Conoce usted al marqués de la Torre de las Trece Almenas?

SERGIO   Por referencias. Sesenta años, gotoso, dieciocho millones de pesetas de capital, ¿no?

PANTECOSTI   Exactamente. Pues bien; yo soy uno de los herederos del marqués de la Torre, señor Hernán...

SERGIO   Mi enhorabuena, pero no veo la relación que...

PANTECOSTI   Va usted a verla en seguida... Este verano, mi tío el marqués y yo coincidimos en Cercedilla, donde su casa-palacio y mi residencia veraniega están próximas. Lo visité y, como lo encontraba muy acabado, avisé de ello a los restantes herederos, los cuales se apresuraron a venir instalándose en mi casa con gran alegría del marqués, que celebró mucho vernos reunidos cerca de él, porque, según dijo, sentía llegar la muerte y quería fallecer entre los suyos.

SERGIO   Muy legítimo.

PANTECOSTI   Nosotros nos dedicamos a cuidarlo y a mimarlo hasta que una tarde el marqués nos leyó el testamento hecho a nuestro favor. Lloramos, lo abrazamos, le dijimos: «ahora, tío, ya puedes morirte cuanto antes». Y a los pocos días, en lugar de llegar la muerte, llegó el mes de agosto.

OSHIDORI   Sería que estaban a últimos de julio.

PANTECOSTI   Precisamente. ¡Qué penetración tiene este hombre! Con el mes de agosto llegó la catástrofe, y ahora entramos en lo que a usted le interesa... El marqués se enamoró locamente de cierta dama conocida en un té del club Alpino...

SERGIO   ¡¡Ella!!

PANTECOSTI   Ella, sí, señor. Elena Fortún...

SERGIO   ¡Elena!

(Mira el retrato y lo besa.)

OSHIDORI   ¡Su Elena!

PANTECOSTI   El marqués la pidió seriamente en matrimonio y de aquí a dos semanas se toman los dichos...

SERGIO   ¿Qué? ¿Que se casa con ella?

PANTECOSTI   Que se van a tomar los dichos.

SERGIO   ¿Que se casa con ella?

PANTECOSTI   Que se toma los dichos.

SERGIO   ¿Y usted viene a decirme que se va a casar con ella?

PANTECOSTI   Vengo a decirle a usted que se van a tomar los dichos...

SERGIO   ¡¡Fuera!! ¡A la calle, barón!...

PANTECOSTI   Pero, señor Hernán...

SERGIO   ¡A la calle!

OSHIDORI   Y en este sillón no se sienta más. (*Retira el sillón.*) ¡A la calle, caballero!

PANTECOSTI   ¡Estese quieto! ¡Pero si yo no quiero que se casen, señor Hernán!

SERGIO   ¿Eh?

PANTECOSTI   Pero ¿no comprende usted que si el marqués se casa, la herencia volaría de nuestras manos y pasaría íntegra a su esposa?

SERGIO   ¡Pues es verdad!

PANTECOSTI   Si precisamente se trata de que usted impida esa boda...

SERGIO   ¿De que yo impida esa boda? (*Dentro se oye un vocerío terrible.*) ¿Qué es eso?

OSHIDORI   ¿Qué pasa?

PANTECOSTI   (*Asustadísimo.*) ¡El marido! ¡Ese es el marido!

                (*Por el foro entra* FRANCISCA *corriendo.*)

FRANCISCA   ¡¡Oshidori!!

OSHIDORI   ¿Qué ocurre?

FRANCISCA   ¡El éter, pronto! ¡Que a las señoras que estoy despidiendo les dan ataques!

OSHIDORI   ¿Muchos?

FRANCISCA   Sendos.

OSHIDORI   ¿Cómo sendos?

FRANCISCA   ¡Que uno a cada una!

OSHIDORI   ¡Ah, bueno!

SERGIO   Anda, Oshidori...

OSHIDORI   Sí, señor. (*Inicia el mutis por el foro con el pulverizador al hombro, seguido de* FRANCISCA. *Aparte.*) Vamos a tener que comprar el éter por bidones...

               (*Se van ambos por el foro.*)

PANTECOSTI   ¡Caramba! ¡Menuda impresión!... No gano para sustos... Y es que como no está uno acostumbrado a ciertas cosas...

SERGIO   Barón... Barón, que me parece que empiezo a ver claro...

PANTECOSTI   ¡Claro!

SERGIO   ¿Dice usted que se trata de que yo impida esa boda?...

PANTECOSTI   ¡Eso es! Porque cuando nos enteramos de que el marqués pretendía casarse, mis parientes y yo caímos en una desesperación tumultuosa. Decidimos impedir aquello, y después de pensar en el veneno y en la pistola «Star», pensamos en usted...

SERGIO   ¡Cuánto honor para mí!

PANTECOSTI   Le fingimos amistad a la prometida del marqués, la invitamos a vivir en mi casa...

SERGIO   ¡Ah! ¡Ella está en su casa! ¡Magnífico! ¡Magnífico! Luego el proyecto de ustedes, barón...

PANTECOSTI   Nuestro proyecto es llevarlo a Cercedilla, instalarlo también en mi casa, como un invitado más, y que, con sus procedimientos infalibles, enamore a esa mujer y la haga renunciar a la boda. Y usted cobra los cuarenta mil duros y nosotros heredamos al marqués y...

SERGIO   (*Alegrísimo.*) ¡A mis brazos, barón! ¡¡A mis brazos!!

PANTECOSTI   (*No menos alegre.*) Entonces, ¿acepta?

SERGIO   ¿Que si acepto? ¡Aceptar!... Con esa palabra no se puede dar idea... Hay que inventar otra. ¡La voy a inventar! No acepto, barón: «¡esgorcio!»

PANTECOSTI   (*Estupefacto.*) «¿Esgorcia?»

SERGIO   «¡Esgorcio!»

PANTECOSTI   Bueno, oiga usted, en serio... ¿De verdad, de verdad que «esgorcia»? ¡¡Gracias, señor Hernán!!

                (Se abrazan otra vez. Por el foro entra OSHI-DORI.*)*

SERGIO   Oshidori, prepáralo todo. Mañana nos vamos a Cercedilla.

OSHIDORI   Sí, señor.

                (Por el foro entra PEPITA.*)*

PEPITA   Sergio, el conde de San Isidro, que quiere verte inmediatamente...

SERGIO   Mi sombrero y mis guantes, Oshidori. *(Los coge.)* ¡Y usted, póngase el hongo! *(Le encasqueta el hongo a* PANTECOSTI. *A* PEPITA.*)* Que pase el conde... (PEPITA *se va por el foro. A* OSHIDORI.*)* Recíbelo tú... Dile lo que quieras... Nosotros nos vamos por la escalera de servicio. El barón y yo tenemos que almorzar juntos, brindar juntos, emborracharnos juntos...

PANTECOSTI   ¡Colosal!

SERGIO   Estamos muy contentos... Estamos contentísimos, ¿verdad?

PANTECOSTI   Yo no bailo porque soy reumático...

SERGIO   Almorzaremos juntos... ¡Digo! Almorzaremos juntos si acepta usted el convite, barón...

PANTECOSTI   ¡Pues no, señor; no lo acepto! ¡¡Lo «esgorcio»!!

SERGIO   ¡Ole! ¡Lo «esgorcia»! ¡Viva España!

(*Se van del brazo, derrochando optimismo, por la derecha.*)

Telón.

Acto segundo

Vestíbulo con mezcla de salón en la villa que
el marqués de PANTECOSTI posee en Cercedilla (Guadarrama), según se va a la estación a mano derecha. Es una bonita finca
rodeada por un jardín no muy extenso, pero
bien cuidado, adonde llega el aire puro de
la sierra unido con el humo de los trenes:
un diez por ciento de aire puro de la sierra
y un ochenta por ciento de humo de tren.
En el foro izquierda se abre una gran puerta que da acceso a la casa, provista de un tol-
do que avanza hacia el jardín. En el segundo término derecha, dos puertas más, una
grande, segundo término, que conduce a las
restantes habitaciones de la planta baja, y
en el primer término otra pequeña por donde se va a los pisos superiores, con arran-
que de escalera que se pierde en el lateral.
En primer término izquierda, ventanal
muy bajo que se abre sobre el campo. En el
fondo derecha se alza una gran chimenea
con lar pueblerino y morillos labrados, y a
ambos lados de la chimenea, dos armadu-
ras italianas del siglo XVI, que han sido fa-
bricadas en España y en el siglo actual, pero
que parecen más del siglo XVI y más italianas que si fuesen italianas y del siglo XVI.

En el frontis de la chimenea hay esculpido un escudo nobiliario. Una panoplia con armas mohosas y de manejo inexplicable concluyen de darle cierto abolengo señorial a la habitación. El resto es eminentemente campestre. En las paredes se ven esos trofeos de caza —cabezas de ciervo, de cabra hispánica, etcétera—, propios de las casas donde no se caza ni se ha cazado nada nunca. El moblaje, severo y entonado, no carece, sin embargo, de alegría. Entre la puerta del segundo izquierda y el ventanal apoya sus espaldas un diván amplísimo al que hacen guardia unos butacones no menos amplios y entre los cuales hay una mesita. Arcones, mesas, sillas, etc., completan el «atrezzo», y abundan esos taburetes de paja con asas, llamados serijos, característicos de las casas de campo de Ávila y Segovia. En los muros, lámparas de cristal diáfano, y un farol de la misma traza en el centro. Estratégicamente coloreados sobre algunos muebles, cacharros con flores y cestos planos con frutas. Comienza la acción a las cinco de la tarde de un espléndido día de octubre, cuarenta y ocho horas después de transcurrido el primer acto.

Al levantarse el telón, en escena Julia, Beatriz, Pantecosti *y* Roberto. Julia *es una dama de unos veinticinco años cuidadísimos: una de esas mujeres capaces de hacer feliz a cualquier hombre que no sea su marido.* Beatriz

está en los cincuenta años, y su empaque de
gran señora no puede disimular los feroces
estragos que ha hecho en ella el tiempo; y RO-
BERTO *es una verdadera ruina: cerca de seten-*
ta años y sordo: resulta, rotunda y definitiva-
mente sordo. En cuanto a PANTECOSTI, *ya te-*
nemos el gusto de conocerlo. JULIA, BEATRIZ *y*
ROBERTO, *sentados en el diván y en los buta-*
cones de la izquierda, parecen aguardar algo.
PANTECOSTI *se pasea de un lado a otro nervio-*
so e impaciente. En esa actitud, sin hablar, per-
manecen unos instantes después de levantado
el telón. Al rato se oye el claxon de un auto-
móvil, lo cual solivianta a todos los persona-
jes menos a Roberto, que naturalmente, no lo
oye.

PANTECOSTI   ¡Un auto! ¡Un auto!

                (Echa a correr hacia el foro y hace mutis.)

BEATRIZ   ¡Un auto! ¡Un auto!

                (Se levanta y se va por el foro.)

JULIA   *(Levantándose.)* ¡Un auto, Roberto!

ROBERTO   ¿Quéé? (JULIA *se inclina sobre la mesita y es-*
                cribe algo rápidamente en un bloc que hay en
                ella y se va escapada por el foro. ROBERTO, *que*
                se ha quedado solo, se levanta y lee lo escri-
                to.) «Un auto». ¡Caray!

(*Tira el bloc en la mesa y se va precipitadamente por el foro. Hay una ligera pausa con la escena sola; luego vuelven a entrar todos por el foro.* Pantecosti, Julia *y* Beatriz *delante y* Roberto *el último. Vienen muy contrariados.*)

PANTECOSTI   ¡Otra camioneta de pescado!

BEATRIZ   ¡Dichosas camionetas de pescado!

(*Se sientan ellas de nuevo, y* Pantecosti *vuelve a sus paseos.*)

ROBERTO   (*Sentándose también.*) Pero ¿no era un auto?

BEATRIZ   No. Era una camioneta que pasaba.

ROBERTO   ¿Cómo?

BEATRIZ   ¡¡Que era una camioneta!!

ROBERTO   ¿Qué?

JULIA   (*A* Beatriz.) No te canses, yo se lo escribiré. Escribe algo en el bloc.

BEATRIZ   ¿A qué hora fija te dijo que llegarían, Reginaldo?

PANTECOSTI   No habló de hora fija... Dijo que caerían por aquí alrededor de las cuatro.

BEATRIZ	Pues ya son las cinco menos cuarto, porque acaba de pasar el tren de las dos y media.
ROBERTO	(*Leyendo en el bloc que le da* JULIA.) «No era un auto; era una camioneta de pescado». ¡Ay, ya!

(*Se oye dentro otro claxon. Nuevo sobresalto en todos.*)

PANTECOSTI	¡Caramba!

(*Va hacia el foro.*)

JULIA	¿Ya está ahí.

(*Se levantan con ánimo de irse, pero la entrada de* FERNANDA *y* MARIANO *los detiene, evitándoles el mutis. En efecto, por el foro entra* FERNANDA, *una hermosa mujer de veinticinco años, y* MARIANO, *que es un cuarentón muy elegante. Viene sin nada a la cabeza, dando la sensación de que estaban en el jardín, y con aire aburrido.*)

MARIANO	(*A los que están en escena.*) Nada, nada; no os mováis...
PANTECOSTI	¿Tampoco?
MARIANO	Tampoco.
PANTECOSTI	¿Otra camioneta de pescado?

MARIANO   ¡Otra camioneta de pescado!

BEATRIZ   ¡Jesús!

                 (*Vuelven a sus primitivas posiciones, y* FER-
                 NANDA *y* MARIANO *se sientan también.*)

ROBERTO   ¿Y ahora, qué ocurre? ¿No venía un auto?
                 (JULIA *por toda respuesta le da el bloc y* RO-
                 BERTO *lee.* «No era un auto; era una camio-
                 neta de pescado». ¡Pero esto es lo de antes!

JULIA   ¡Y lo de ahora!

ROBERTO   ¿Cómo?

                 (JULIA *escribe de nuevo en el bloc.*)

PANTECOSTI   ¡¡Que van diez camionetas!!

ROBERTO   ¿Queeé? (JULIA *le da el bloc y* ROBERTO *lee.*)
                 «Que te calles y no des más la murga». ¡Bue-
                 no!... ¡Siempre acabamos igual! (*Se levan-
                 ta.*) ¡Hasta luego!

BEATRIZ   Hasta luego.

MARIANO   Adiós.

                 (ROBERTO *se va por el foro.*)

FERNANDA   ¡Pobre Roberto!

PANTECOSTI   No se entera de nada.

JULIA   Un año hace ya que para entenderme con él tengo que escribirle las cosas.

PANTECOSTI   Y lo malo es que por culpa de la sordera ha tenido que renunciar a su destino...

FERNANDA   *(Aparte a* MARIANO.*)* ¿Pues qué era Roberto?

MARIANO   *(Aparte a* FERNANDA.*)* Auditor de guerra.

BEATRIZ   Reginaldo, ¿por qué no sales otra vez a ver si llega el coche?

PANTECOSTI   Estoy harto de entrar y salir. Cuando llegue ya avisarán los chicos, que andan por ahí fuera.

BEATRIZ   ¿Por ahí fuera? No los he visto...

MARIANO   Sí. Están en el tenis con Elena.

BEATRIZ   ¡Esa maldita mujer es la que tiene la culpa de todo!

FERNANDA   ¡Bien ha sabido embaucar al tío Ernesto!

BEATRIZ   ¡Y embaucarlo cuando ya teníamos una herencia en las manos. ¡Porque es que la teníamos en las manos!

PANTECOSTI   Yo hasta había cerrado los dedos.

FERNANDA   Como que dos días después de leernos el testamento el tío Ernesto estaba en las últimas...

BEATRIZ   Estaba acabadísimo.

MARIANO   Y con una disnea espantosa.

PANTECOSTI   ¡Hombre! Pero si ya respiraba ahogándose, con un ruido que daba gusto oírlo...

BEATRIZ   ¡Reginaldo, por Dios! Desde entonces se han sucedido las catástrofes: su entusiasmo cada vez mayor, su proposición de boda...

MARIANO   Y la herencia cada vez más lejana. ¡Con la falta que nos está haciendo a todos! A mí me llaman de tú los porteros del banco Hipotecario.

PANTECOSTI   Pues lo mío es peor, porque a mí ya no me dejan pasar.

MARIANO   No hay más solución que Sergio Hernán.

BEATRIZ   Como él no enamore a esa intrusa...

PANTECOSTI   No lo dudes siquiera, Beatriz. La enamorará. Cuarenta mil duros en perspectiva tienen fuerza. Sin contar con que él es infalible, ¡Y, además, que le gustó Elena muchísimo!

usted tiene ojos de mujer fatal

MARIANO	Pero que, por lo visto, fue una cosa de ver el retrato y desmayarse...
PANTECOSTI	¡De quedarse tieso en el sillón!
FERNANDA	Pues, hijos, no es para tanto...
JULIA	Se desmayaría porque tendría el estómago sucio.
PANTECOSTI	Y gracias a que su ayuda de cámara, que es la enciclopedia Sopeña de los criados, lo volvió en sí en dos minutos... Pero la lata que me dio luego Hernán, preguntándome cuándo y de qué manera había aparecido Elena por aquí, prueba que ella le interesa, y que está dispuesto a triunfar poniendo en juego todos sus recursos. El primero ya lo sabéis: es empezar por haceros el amor a todas vosotras...
MARIANO	Eso es lo único que me tiene un poco fastidiado.
FERNANDA	¡Vamos, tonto! ¿Vas a tener celos?
BEATRIZ	Mi marido no tiene celos de mí...
MARIANO	¡Hombre!, claro!!
PANTECOSTI	¿Por qué claro?
MARIANO	No, por nada, por nada...

JULIA   Y mi Roberto tampoco tiene celos.

MARIANO   Tu Roberto no tiene celos porque tu Rober-
             to no se ha enterado; pero escríbeselo en el
             bloc a tu Roberto y ya veremos lo que dice
             tu Roberto...

BEATRIZ   Además, que Sergio Hernán nos va a ha-
             cer el amor de mentirijillas: para interesar
             a Elena.

MARIANO   ¡Toma! Pues por eso no me he negado yo
             en redondo.

JULIA   (*Mirando por el foro.*) ¡Ahí viene Arturito!

BEATRIZ   ¿Arturito? Esto es que hay noticias.

PANTECOSTI   A ver si es que llega ya... (*Va hacia el foro.
             La expectación renace en todos. Por el foro
             entra* ARTURITO. *Es un muchachote fuerte, de-
             portivo, con unos músculos de atleta y un ce-
             rebro de galápago. Viste pantalón blanco y
             lleva en la mano una raqueta de tenis y trae
             un humor de todos los diablos.*) ¿Ya, Artu-
             rito?

BEATRIZ   ¿Ya, hijo mío?

TODOS   ¿Ya?

ARTURITO   Pero ya, ¿qué?

PANTECOSTI   ¿Cómo que ya qué? Que si se ve venir el co-
             che de Hernán...

ARTURITO   ¿Hernán? ¡Maldita sea, hombre! ¡Estoy ya
             harto, hala, maldita sea! ¡Eso es! ¡Esto no
             hay quien lo aguante, maldita sea, hala!

PANTECOSTI   Pero, bueno, ¿viene o no viene el coche de
             Hernán?

ARTURITO   ¡Que no viene, hala! ¡Maldita sea!

             (*Le da un zurrido a la silla con la raqueta.*)

PANTECOSTI   Pero, hijo, Arturito, ¿qué te ocurre?

ARTURITO   ¿Qué va a ocurrirme, hombre? ¿Qué va a
             ocurrirme? ¡Maldita sea! ¿Qué os figuráis
             vosotros?... ¡Que no, vamos! ¡Porque no,
             maldita sea, hala!

PANTECOSTI   ¡Pero explícate, hijo mío!

ARTURITO   ¿No me estoy explicando? ¿No me explico
             ya? ¿No estoy hablando bien claro? ¡He di-
             cho que no, hala! ¡Que no, maldita sea! (*Nue-
             vo trastazo a una mesa.*) Y que si vosotros...
             ¡pues bueno, hala! Pero, ¡a mí, maldita sea,
             hombre! ¡A mí, no! ¡Hala! ¡A mí, no!¡¡Y
             ya he dicho bastante, hala, maldita sea!!
             ¡¡Y no digo más, maldita sea, hala!!

(Se va por el foro derecha, entre la estupefacción de todos, pegando morradas al aire y a los muebles.)

PANTECOSTI   Pero ¿qué le ocurre a este?

(Por el foro entra NINA, una muchacha de diecisiete a dieciocho años, muy mona, que viste también traje de tenis y trae otra raqueta en la mano. Entra como una tromba.)

NINA   *(A PANTECOSTI.)* ¡Pues le ocurre que es un imbécil, tío! ¡Que es un imbécil desde el flequillo a la raqueta, y me quedo corta!

PANTECOSTI   ¿Qué?

BEATRIZ   Nina..., ¿qué es eso?

NINA   ¡Que tiene celos el muy majadero! ¡Que desde que llegó ayer de Madrid el tío Reginaldo y supo que iba a venir Sergio Hernán a enamorar a Elena, está hecho un pollino y dice que yo ando loca por Sergio!...

BEATRIZ   ¡Válgame Dios!

NINA   ¡Qué estamos todas locas por Sergio!

MARIANO   ¿Todas?

NINA   ¡Sí! ¡Yo! ¡Y la tía Julia! ¡Y la tía Fernanda!

JULIA
/FERNANDA   ¿Nosotras?

JULIA   ¡Ese Arturito es un memo!

NINA   ¿Y es lo que yo le he dicho: «pero grandí-
               simo idiota, ¿cómo vamos a estar locas por
               Sergio Hernán, si aún no lo conocemos? Es-
               pérate a que lo conozcamos».

JULIA   ¡Claro!

FERNANDA   ¡Naturalmente!

MARIANO   (A FERNANDA.) Oye, oye, pero ¿es que tú es-
               tás esperando a conocerlo para...?

FERNANDA   ¡Vamos, Mariano! No seas majadero.

NINA   Y así viene dándome el té desde ayer; y aho-
               ra, como Elena me preguntaba que quién
               es ese amigo que esperábamos y el tiempo
               que iba a estar entre nosotras, pues Artu-
               rito ha vuelto a ponerse burro y a barbari-
               zar de tal modo, que ha estado en un tris
               de que Elena no oyese el nombre y el ape-
               llido de Sergio Hernán...

PANTECOSTI   (Alarmado.) Pero ¿los ha oído?

NINA   No, no los ha oído.

PANTECOSTI	Tened cuidado, que lo que más me recomendó Hernán fue que no le descubriésemos su personalidad a Elena.
BEATRIZ	¿Y eso no te parece raro, Reginaldo?
PANTECOSTI	Me supongo que la conocía de antes y quiere darle una sorpresa.
NINA	Total: que le he dicho a Arturito que se busque novia, porque él y yo, ¡tarifados!
BEATRIZ	¡Pero, Nina!
JULIA	¿Qué dices, chica?
NINA	¡Tarifados y tarifados! y si me gusta Sergio Hernán, que me gustará, porque dicen que les gusta a todas, y yo no soy menos que las demás, pues... ¡me hago novia de Hernán!
PANTECOSTI	¡Nina! ¡Aquí no habrá otra novia de Hernán que Elena! ¡Maldita sea, hala!
BEATRIZ	¡Dios mío! La de disgustos que nos está proporcionando esa infame mujer...
MARIANO	¡Chist! No habléis mal de ella, que ahí viene.

(Por el foro entra ELENA, *en efecto, en traje de tenis. Está más linda que en el prólogo; se comprende que ha sufrido, y el sufrimiento le*

ha prestado más finura y mayor encanto. Su aire es melancólico, pero sonriente. También trae raqueta. Al verla entrar, la amabilidad y el agrado aparece en todos los semblantes.)

JULIA   ¡Elena!...

(Va a su encuentro.)

BEATRIZ   *(Amabilísima.)* Venga usted acá, querida amiga. *(Le señala un sitio a su lado en el diván.)* Tengo que suplicarle perdón en nombre de estos muchachos, que no respetan ni la presencia de usted para enzarzarse en sus discusiones y sus niñerías...

ELENA   Eso no tiene importancia, baronesa. *(Se sienta.)* Nina y Arturito proceden como dos enamorados y a los enamorados les está disculpado todo.

BEATRIZ   Bondad de usted, benevolencia de usted, querida amiga, que es una de las personas más encantadoras del mundo y que sabe hacerse querer y estimar por todo el que la trata... Al menos en esta casa todos la queremos y la estimamos como se merece.

PANTECOSTI   *(Aparte a* MARIANO.*)* ¡Qué cara dura tienen las mujeres!

MARIANO   *(Aparte también.)* Estas cosas las hacen como nadie.

JULIA   (*A* ELENA.) Y nos pasamos el día hablando de usted...

PANTECOSTI   (*Aparte a* MARIANO.) Eso es verdad, pero ¡si oyese lo que decimos!...

BEATRIZ   (*A Elena.*) Y crea usted que la tarde que tío Ernesto nos presentó a usted como a su futura esposa, fue una tarde de júbilo en esta casa... (*A* PANTECOSTI.) ¿Verdad?

PANTECOSTI   ¡Uf! ¡Menuda tarde fue aquella!

ELENA   (*Con acento sincero.*) Todos son muy amables, y realmente entre ustedes me siento como en familia...

BEATRIZ   (*Fingiendo una gran complacencia.*) ¡Huy, mira, Reginaldo! Dice que se siente como en familia...

PANTECOSTI   ¿Sí? (*Aparte.*) ¡Qué mona!

ELENA   Y todavía es más de agradecer ver tanto cariño desinteresado en una mujer como yo, que, huérfana desde muy chiquilla, ha vivido siempre sola, errante, y con la amargura de no encontrar verdaderos afectos. Porque mi padre me educó los nervios para que pudiera andar por el mundo sin la ayuda ajena, pero no pudo educarme el corazón para que pudiera vivir a gusto entre la soledad de las gentes.

BEATRIZ   Pero con su juventud, su belleza y sus méritos no debe usted desesperar de encontrar algún día un hombre enamorado y joven. ¡Sobre todo un joven, que es lo digno... *(Rectificando.)*... que es lo digno... de una joven!

PANTECOSTI   *(Insinuante.)* Este mismo amigo que estamos esperando, sin ir más lejos... ¿Quién le dice a usted que al verlo no se enamora de él, y él de usted, y se arrepiente de su boda con Ernesto, y... *(En voz baja.)* nosotros cobramos?...

MARIANO   ¡Eso es!

BEATRIZ   ¡¡Claro!! ¿Quién le dice a usted que no ocurre algo así?...

ELENA   *(Levantándose con un suspiro.)* ¡Ay! Los hombres, los jóvenes... Tengo ya de ellos una triste experiencia... Quise a uno como solo se quiere una vez, poniendo en él toda mi fe, y todos mis sueños, y la desilusión me hizo tanto daño, que desde entonces he renunciado al amor para siempre.

PANTECOSTI   Pero, bueno, también a los hombres nos hace cisco fumar y no renunciamos al tabaco.

ELENA   Y a ello precisamente se debe mi proyectado matrimonio con Ernesto, que a muchos les parecerá incomprensible y a otros les parecerá indigno...

BEATRIZ   ¿Dice usted que se debe a ello?

PANTECOSTI ¿Al desengaño?

ELENA   Sí. Porque he visto en el marqués interés por mí, adhesión y ternura paternal, y como yo no me atrevo a aspirar a más en la vida, he resuelto casarme con él, puesto que es esa su mayor ilusión, para pagarle así su interés, su adhesión y su ternura...

MARIANO   (*Aparte a* PANTECOSTI.) Se explica, ¿eh?

PANTECOSTI (*También aparte.*) ¡Hombre! Es más larga que el «Rocambole»...

ELENA   Pero más vale no hablar de estas cosas... Me subo con Nina, que quería arreglarse un poco.

NINA   Anda, sí, vamos, Elenín...

ELENA   Hasta luego.

BEATRIZ   (*Amabilísima.*) Hasta luego, querida amiga.

(ELENA y NINA *se van por el primero derecha. En cuanto* ELENA *desaparece, estalla la indignación en todos.*)

JULIA   ¡Qué cinismo!

BEATRIZ   ¡Qué descaro tan inaudito!

JULIA   Pues ¿no dice que se va a casar con el tío
               Ernesto porque ha visto en él ternura pa-
               ternal?

PANTECOSTI   Lo que ha visto son dieciocho millones de
               pesetas, uno detrás de otro.

MARIANO   ¡Hombre, claro! En fila india.

JULIA   ¡Naturalmente!

               (*En este momento, en el foro, aparecen* OSHI-
               DORI, FRANCISCA *y* ROBERTO. *Ella viste traje
               de viaje, y* OSHIDORI *abrigo al brazo y gorra
               inglesa; los dos llevan maletines. Entran pi-
               diendo informes a* ROBERTO, *que, como es de
               suponer, no los oye.*)

OSHIDORI   ¡Digo, caballero, que si es este el hotel del
               barón de Pantecosti!

ROBERTO   ¿Qué?

FRANCISCA   ¡¡De Pantecosti!!

PANTECOSTI   ¡Ya están aquí! ¡Ya están aquí!

               (*Va al foro.*)

TODOS   ¿Eh?

                       (Gran revuelo.)

OSHIDORI   ¡Ah! Señor barón...

                       (Se inclina.)

PANTECOSTI   Señorita... Pero, ¿y su amo, Oshidori? ¿No viene el señor Hernán?

OSHIDORI   Sí, señor barón. Es que nosotros hemos venido en el tren y el señor viene en el coche...

PANTECOSTI   ¡Ah! Comprendido, comprendido. *(A los demás.)* Es Oshidori, el famoso Oshidori, del que tanto os he hablado en las últimas veinticuatro horas. Venga usted; le voy a presentar. *(Señalando a* BEATRIZ.*)* ¡Mi esposa!...

OSHIDORI   *(Inclinándose.)* Señora baronesa. Honradísimo.

PANTECOSTI   Mis primas, doña Julia Garrastazu de Pantecosti y de la Torre de Laín y Urrutia.

OSHIDORI   Honradísimo.

PANTECOSTI   Doña Fernanda Pantecosti de Garrastazu del Alcor y Trece Almenas Laín Gamboredo...

OSHIDORI   *(Inclinándose.)* Honradísimo.

PANTECOSTI   Mi primo, don Roberto de Pantecosti la Torre y Gamboredo de Tres Viñas del Pomar.

OSHIDORI   Sordísimo.

PANTECOSTI   Un entusiasta del cine sonoro.

OSHIDORI   (*Inclinándose.*) Caballero...

ROBERTO   (*A* PANTECOSTI.) Y este señor, ¿quién es? ¿Eh? ¿Quién es? (PANTECOSTI *no le contesta y sigue las presentaciones.*) ¡Bueno! ¡Llevo una temporada que no me hace caso nadie!

   (*Se va de muy mal humor por el segundo derecha.*)

PANTECOSTI   Mi sobrino don Mariano Garrastazu del Alcor y Pantecosti de Urrutia.

OSHIDORI   (*Inclinándose.*) Caballero...

PANTECOSTI   Y finalmente, mi hijo Arturito de Pantecosti y Gamboredo de la Torre y mi sobrina Nina Laín Garrastazu del Pomar Trece Almenas... (OSHIDORI *los busca hasta debajo de los muebles para saludarlos.*) No. Están en el piso de arriba...

OSHIDORI   ¡Ah, ya! Sí, sí...

PANTECOSTI   (*Por* FRANCISCA.) ¿Y esta señorita, Oshidori?

OSHIDORI	(*Presentando a* FRANCISCA.) La señorita Montánchez, secretaria por amor del señor.
JULIA	(*Aparte a* BEATRIZ y FERNANDO.) Ha dicho secretaria por amor.
BEATRIZ	¡Secretaria por amor!
FERNANDA	¡Qué novelesco!
JULIA	Siéntese usted, señorita... Aquí, con nosotras.
FRANCISCA	Muchas gracias, señora...

(*Se sienta en el grupo de las mujeres.*) |
PANTECOSTI	Y usted, Oshidori, venga acá. (*Lo coge del brazo y se lo lleva a la derecha con* MARIANO.) Mientras Hernán llega nos fumaremos un cigarrito juntos.
OSHIDORI	(*Muy emocionado.*) ¡Señor barón! Un humilde criado no puede consentir...
PANTECOSTI	Le he dicho que con toda confianza.
OSHIDORI	¡Ah! Si hay confianza...

(*Coge tres cigarrillos.*) |
| PANTECOSTI | Hombre, hay confianza, pero no tanta. |

OSHIDORI   ¡Por dios, señor barón! He cogido uno para cada uno...

(Le da dos de los pitillos y se queda con el tercero. Encienden.)

PANTECOSTI *(A* MARIANO, *aparte.)* ¡Qué plancha! *(Alto.)* Perdone usted; es que yo pensé que cogía uno para ahora y dos para luego... Pues nada, en esta casa, Oshidori, se le considera como un amigo... *(*OSHIDORI *se pone de pie.)* Siéntese. Como un aliado de todos nosotros.

OSHIDORI   *(Levantándose de nuevo.)* Señor barón...

PANTECOSTI Pero siéntese... Aparte de que usted es un hombre acostumbrado a vestir de frac. *(*OSHIDORI *se levanta otra vez.)* Siéntese, hombre, que...

OSHIDORI   No. Si es que iba a tirar la cerilla...

(La deja en el cenicero. Se sienta definitivamente con PANTECOSTI *y* MARIANO *y fuman.)*

PANTECOSTI Pues nosotros los esperábamos a ustedes todos juntos.

OSHIDORI   Esa fue la primitiva idea del señor, pero luego decidió que nos adelantásemos con el fin de ayudar a la instalación de...

PANTECOSTI ¡Nada! Ustedes no tienen que preocuparse. Todo está ya preparado y a punto.

FRANCISCA ¡Claro! Venimos tan tarde... Pero, ¿quién iba a figurarse que el tren de las dos y media llegase a las cinco menos cuarto?

PANTECOSTI ¡Huy! La mayor parte de los días llega bastante después...

BEATRIZ Pues ayer llegó a la hora en punto.

OSHIDORI Sí, señora baronesa; nos lo han dicho en la estación, donde se ha comentado mucho; pero por lo visto no era el de ayer, era el de anteayer, que no llegó hasta ayer.

BEATRIZ ¡Jesús! Realmente, en ese tren no se puede venir; como es un tren-tranvía...

FRANCISCA ¡Ah! Es un tren-tranvía...

OSHIDORI A nosotros nos ha parecido un tren-pisapapeles.

PANTECOSTI En fin lo esencial es que Hernán está en camino.

JULIA Yo ya había pensado incluso en un accidente de automóvil...

OSHIDORI ¡Oh! De eso no hay cuidado. Porque como el «chauffeur» del señor es argentino está acostumbrado al ritmo del tango y conduce muy despacio.

PANTECOSTI   Menos mal.

BEATRIZ   Un «chauffeur» argentino y autor de tangos, una marquesa de doncella, una bailarina húngara de cocinera y esta señorita *(Por* FRANCISCA.*)* secretaria por amor... ¡¡Qué hombre!!

FERNANDA   ¡Es un tipo de leyenda!

FRANCISCA   No lo sabe usted bien, señora...

JULIA   Usted lo conocerá a fondo... ; ¿es verdad todo lo que cuentan de él?

FRANCISCA   Lo que cuentan de él es pálido.

BEATRIZ   ¿Pálido?

OSHIDORI   Lívido, señora baronesa.

JULIA   ¿Y usted está contenta de ser secretaria suya?

FRANCISCA   No cambiaría mi puesto por todos los diamantes del mundo... ¡Sufro tanto junto a Sergio!

OSHIDORI   Hay que advertir que la señorita Montánchez traduce sufrimiento por regocijo...

BEATRIZ   ¿Es posible?

PANTECOSTI   (*A* FRANCISCA.) Pues si viviera usted en la situación en que estamos viviendo nosotros hace un mes se moriría usted de risa, señorita.

OSHIDORI   ¡Bah! Los señores se preocupan por lo que está resuelto de antemano...

PANTECOSTI   Entonces usted no duda del éxito del señor Hernán en esta casa, ¿verdad?

OSHIDORI   El señor hará como Julio César: vendrá, se quitará los guantes, hablará y triunfará.

PANTECOSTI   Julio César no se quitó los guantes, Oshidori.

OSHIDORI   Porque sus conquistas no eran femeninas, señor barón, y para triunfar, mi amo empezará por hacer el amor a estas señoras...

MARIANO   (*Saltando.*) ¡Pero de mentirijillas!, ¿eh? ¡De mentirijillas y solo para interesar a Elena!...

OSHIDORI   Sí, señor; para interesar a esa señorita y para entrenarse...

MARIANO   ¿Para entrenarse? ¿Ha dicho para entrenarse?

OSHIDORI   Naturalmente, caballero. Es lógico.

MARIANO   (*Amoscadísimo.*) ¿Lógico? ¿Lógico que ne-
             cesite entrenarse como un boxeador o un
             futbolista?

OSHIDORI   Caballero, ¿y qué es el amor más que un de-
             porte? El amor es un deporte en el que el
             corazón actúa de árbitro...

JULIA
/FERNANDA   ¡Eso es!

BEATRIZ   ¡Y qué bien dicho!

OSHIDORI   (*Con su modestia habitual.*) Es una frase del
             señor...

MARIANO   ¡¡Pues yo no estoy dispuesto a tolerarlo!!
             Que se entrene con Julia, que tiene un ma-
             rido sordo; que se entrene con Nina, que tie-
             ne un novio tonto; que se entrene, si está
             lo bastante loco para ello, con Beatriz!...

PANTECOSTI   Pues si hace falta se entrenará, y yo, tan
             fresco...

MARIANO   ...pero con esta (*por* FERNANDA), con esta no
             se entrena. ¡Yo os lo aseguro!

             (PANTECOSTI *se lleva aparte a* MARIANO.)

PANTECOSTI   Acuérdate del banco Hipotecario, Maria-
             no; acuérdate de que ya te llaman de tú los
             porteros... Hernán es nuestra salvación

económica y social. Si Hernán no enamora a Elena, poniendo así en nuestras manos la herencia del tío Ernesto, ya puedes aprender a tocar el violín y elegir una esquina donde dé el sol.

MARIANO   (*Aparte.*) ¡Caray! Pues es verdad...

PANTECOSTI   De modo que tú verás lo que haces.

OSHIDORI   (*Haciendo como si escuchase un ruido que viniese de fuera.*) ¿Eh? ¡Callen ustedes!

PANTECOSTI   ¿Qué pasa?

OSHIDORI   ¡¡Sí!! Es el claxon... ¡El señor! ¡¡Ahí viene el señor!!

BEATRIZ   ¿Ya llega?

OSHIDORI   ¡¡Ya!!

PANTECOSTI   Pues vamos, vamos...

                 (*Todos se movilizan; las señoras dan el último toque a su peinado, los hombres se aprietan el nudo de la corbata.*)

JULIA   ¡Corre, Fernanda! ¡Sube a avisar a Nina y a Elena!

BEATRIZ   ¡Y a Arturito! Y dile que si no baja a recibir al señor Hernán se verá las caras conmigo...

FERNANDA   Sí, sí...

                  (Se va por el primero derecha.)

PANTECOSTI   ¿Viene usted Oshidori?

OSHIDORI   Al instante, señor barón.

PANTECOSTI   Vamos, vamos...

                  (Se lleva del brazo a MARIANO *y con* JULIA *y*
                  BEATRIZ *se van por el foro derecha. Quedan so-*
                  los en escena OSHIDORI *y* FRANCISCA.*)*

OSHIDORI   Es necesario que aprovechemos el tiempo,
                  señorita Montánchez... Si usted no le pre-
                  para el camino, el señor fracasará, y no solo
                  perderá los cuarenta mil duros, sino que será
                  capaz de suicidarse.

FRANCISCA   ¡San Pedro Nolasco!

OSHIDORI   Usted sabe que desde que el barón llegó an-
                  teayer a Madrid el señor ya no es el señor...

FRANCISCA   ¡Qué va a ser!

OSHIDORI   Lleva cuarenta y ocho horas sin hacer una
                  sola conquista, y en lugar de aquellas fra-
                  ses brillantes que le eran propias, ahora
                  dice unas majaderías que nos tienen cons-
                  ternados... Todo eso, señorita Montánchez,
                  es obra del amor. Total: que el señor va al

fracaso. Resumen: que no tenemos más remedio que ayudarlo. yo no lo dejaré de la mano. Y por lo que afecta a usted, señorita Montánchez, usted sabe que esa mujer huyó de él una vez, y en cuanto comprenda que el amigo que esperan en esta casa es el señor, volverá a huir nuevamente.

FRANCISCA   ¿Y cuál es mi misión entonces?

OSHIDORI   Hablar a esta señora, evitar que se vaya, diciéndole que el señor está verdaderamente enamorado de ella. Y a cambio de eso, obtener su propia felicidad...

FRANCISCA   ¿Mi propia felicidad?

OSHIDORI   ¡Claro! Porque si usted, amando al señor, le prepara el terreno para que él consiga a otra, ¡imagínese el margen de sufrimiento que tiene usted! ¡Puede usted sufrir de un modo bárbaro!

FRANCISCA   ¡Pues es verdad! ¡Lo que puedo sufrir! ¡Puedo sufrir horrores!...

OSHIDORI   ¡Puede usted hacerse polvo sufriendo!

FRANCISCA   Claro, claro...

OSHIDORI   Puede usted incluso morirse del disgusto...

FRANCISCA   ¡Qué alegría!

(Por el primero derecha aparece FERNANDA, *luego* NINA *y después* ARTURITO.*)*

FERNANDA ¡Vamos, niños! Daos prisa.

(Cruza la escena corriendo y se va por el foro derecha.)

NINA *(Entrando y hablando hacia dentro.)* Bueno, tú puedes hacer lo que te dé la gana, pero ya has oído lo que ha dicho tu madre... *(A* OSHIDORI *y* FRANCISCA.*)* Buenas tardes...

OSHIDORI Señorita... *(Se inclina.* FRANCISCA *saluda con el gesto, y* NINA *se va por el foro derecha.)* Esta debe ser la sobrina del barón...

ARTURITO *(Entrando a su vez por el primero derecha con un humor de perros.)* ¡Y que uno tenga que..., maldita sea, hombre! ¡Que uno es un imbécil y nada más que un imbécil, hala! Si no me valiera más que..., ¡hala, maldita sea! Estoy viendo que voy a..., ¡maldita sea, hala!

(Se va desesperado por el foro derecha.)

OSHIDORI Y este perturbado debe ser el hijo...

(En el primero derecha aparece ELENA, *que al ver a* OSHIDORI *se detiene en seco.)*

ELENA ¿Eh? ¡Oshidori!

OSHIDORI   (*Inclinándose.*) Señora...

ELENA   ¿Qué significa esto? ¿Qué hace usted aquí?
               (*Viendo los maletines que han quedado en el
               suelo y sospechándoselo todo.*) ¿Es que...? ¿Es
               que quizá es su amo al que...?

OSHIDORI   Sí, señora. El amigo que aquí esperan es el
               señor.

ELENA   ¡No! ¡No es posible!

OSHIDORI   Sí, señora, sí.

ELENA   ¡Pues no me verá! ¡Me iré! ¡Me he jurado
               a mí misma no verlo más en la vida!

               (*Inicia el mutis primero derecha.*)

OSHIDORI   (*Interponiéndose entre ella y la puerta.*) Sin em-
               bargo, antes de irse, señora, haría bien oyen-
               do algo que tiene que decirle esta señorita...

ELENA   ¿Esta señorita?

OSHIDORI   (*Presentándola.*) Francisca Montánchez,
               secretaria del señor y una de sus víctimas
               más recientes. La víctima pirulí.

ELENA   ¿Qué quiere usted decir?

OSHIDORI   Quiero decir exactamente lo que va a decir
               ella, señora. Así que...

(Se inclina sonriendo y se va por el foro derecha.)

FRANCISCA   *(Aparte.)* ¡Dame fuerzas, san Luis de los Franceses!

ELENA   Hable usted, señorita, y hable pronto; después de saber que Sergio está en esta casa, no puedo permanecer aquí ni un instante más...

FRANCISCA   ¿Tanto lo teme usted?

ELENA   ¿Temerlo? No. Aborrecerlo, sí; eso sí, con toda mi alma.

FRANCISCA   ¡Dios mío! Pero ¿cómo se le puede aborrecer a él? ¿Cómo se puede aborrecer a un hombre que parece hecho solo para ser amado?

ELENA   Por eso precisamente; porque el amor es un camino en cuya terminación está el odio. Usted, señorita, lo quiere hoy porque emprende el camino ahora, pero lo aborrecerá también mañana, cuando su camino esté ya andado...

FRANCISCA   *(Con un suspiro imponente.)* ¡Ay! yo soy de las que se sientan en la cuneta.

ELENA   ¿Eh?

FRANCISCA   Lo quise ayer, lo quiero hoy, lo querré mañana, lo querré siempre... ¡Es mi destino!

ELENA   Existen personas que llaman destino a sus equivocaciones.

FRANCISCA   Sí. Y hay otras personas que llaman aborrecimiento a su soberbia.

ELENA   ¿Qué supone usted?

FRANCISCA   Estoy bien enterada de su «caso», señora. He visto con mis propios ojos aquel tomo de la H, donde aún puede leerse: «Elena. Conocida en Sakuska el 10 de junio...».

ELENA   Calle usted, calle usted...

FRANCISCA   Y más abajo: «Rubia. Joven. Romántica tirando a cursi...».

ELENA   ¡Calle usted, por favor!

FRANCISCA   ¡Oh! No es mi intención hacerla sufrir, porque a lo que he venido es a sufrir yo; pero está mal, señora, que una mujer aborrezca a un hombre solo porque él la haya estimado inferior a lo que su vanidad le ha hecho creerse...

ELENA   Ni hui de Sergio por eso ni lo aborrezco por eso tampoco. Lo aborrezco porque, después de quererlo con todo mi corazón, vi que yo, en cambio, había sido para él una de tantas...

FRANCISCA   ¡Qué más habríamos querido esas «tantas» sino que usted hubiera sido para él una de nosotras!...

ELENA   ¿Eh?

FRANCISCA   Si usted hubiera sido para él «una de tantas» Sergio no estaría ahora en Cercedilla, señora...

ELENA   (*Sarcástica.*) ¿Irá usted a hacerme creer que Sergio ha venido a esta casa por mí?

FRANCISCA   Puede que no se lo haga creer; pero esa es la verdad... Sergio la quiere a usted, señora. Desde anteayer que supo que estaba usted aquí y que se hallaba comprometida con el marqués, no duerme ni sosiega pensando en venir y en romper ese compromiso...

ELENA   ¿Mi compromiso?

FRANCISCA   Besa un retrato de usted, se pasea por la casa dando suspiros... Ha cambiado por completo. Es otro hombre... En fin, señora, ¡con decirle a usted que cuando hace funcionar el fonógrafo no pone otro disco que el «¡Torna a Sorrento!».

ELENA   ¡Nada de eso puede ser cierto!

FRANCISCA   Es cierto todo... ¡Todo!

ELENA   Y si lo fuera... ¿qué razón hay para que usted, que dice quererlo, me hable a mí de esa forma?

FRANCISCA   Porque lo quiero aspiro a que él sea feliz... Pero no es eso solo... Hay otras razones que usted no comprendería... Ahora mismo tengo el corazón tan en un puño que me entran ganas de saltar y de dar vivas... (*Alegrándose por momentos.*) Porque usted me cree..., ¿verdad que me cree? ¡Qué gusto! ¡Qué gusto! Y usted me da palabra de quedarse...; ¿verdad que me da palabra de quedarse?

ELENA   Solo para convencer a Sergio de que cuanto intente es inútil...

FRANCISCA   ¡Qué dicha, Dios mío! ¡Gracias, san Estanislao de Koska! (*Llorando.*) ¡Ah! ¡Cómo sufro! ¡Qué alegría! ¡Me están entrando unas ganas de reír! ¡¡Unas ganas de reír!! Necesito un calmante, sales inglesas, algo que...

ELENA   Pero ¿qué le sucede? Voy por las sales.

FRANCISCA   ¡Que sufro de un modo! ¡Qué risa! (*Llora más.*) ¡¡Qué risa más grande!! ¡Ay, ya no se puede sufrir más en el mundo! ¡Ja, ja, ja! ¡Ja, ja, ja!

(*Hace mutis detrás de* ELENA, *riendo con todas sus fuerzas, por el primero derecha. Por el foro entra* MARIANO *echando chispas, y seguido de* OSHIDORI.*)*

MARIANO   ¡Que no! ¡Que prefiero no verlo!

OSHIDORI   Le suplico un poco de calma al señor...

MARIANO   ¡Ni calma ni nada! ¡La actitud de ese hombre en cuanto usted ha aparecido en el jardín ha sido intolerable!

OSHIDORI   Caballero...

MARIANO   Y eso al fin y al cabo me tendría sin cuidado... ¡¡Pero es que se ha atrevido con mi mujer!! Porque le ha dado un beso... ¿Va usted a negarme que le ha dado un beso?

OSHIDORI   Pero en la mano, caballero; en la mano...

MARIANO   ¿En la mano? ¿Desde cuándo las mujeres tienen la mano al final del brazo?

OSHIDORI   Desde Adán y Eva, caballero.

MARIANO   ¡Y que uno tenga que aguantar esto! ¡Que uno tenga que aguantar esto por dieciocho cochinos millones de pesetas...

OSHIDORI   ¡Caramba! No tan cochinos, caballero.

(Por el foro entra ARTURITO; *su desesperación es ya de las que no tiene precedentes en*

la Historia. No ve de rabia. Está que echa humo. Avanza como un tanque hacia Oshidori *y se encara con él.)*

ARTURITO ¡Maldita sea; hala, se acabó! ¡Ahora sí que se acabó! ¡¡Eso es!! ¡Porque yo no puedo! ¡Maldita sea! ¡Y se lo dice usted a su amo! ¡Que si no fuera por mi madre, lo cogía y lo...! ¡Maldita sea, hala! Y que a pesar de mi madre lo voy a coger y lo... ¡hala! ¡¡Maldita sea!!

(Se va por el primero derecha, mordiéndose los puños de ira.)

OSHIDORI ¿Por qué lo dejan suelto? *(A* Mariano, *asombrado.)* ¿Esto qué quiere decir, caballero?

MARIANO Eso quiere decir que está furioso, para lo cual le sobran razones; y que no puede hablar de bruto que es..., para lo cual le sobran también razones, porque en nuestra familia ha habido varios casos. *(En el foro se oye rumor de gente que se acerca.)* ¿Vienen?

OSHIDORI Sí, señor.

MARIANO Pues ahí se queda usted.

(Se va a paso largo por el primero derecha. Por el foro entra Sergio *con* Beatriz, Fernanda, Julia *y* Nina, *que vienen comiéndoselo con los ojos.)*

BEATRIZ	(*A* SERGIO, *melosísima.*) Y personalmente es usted mucho más interesante que por referencias...
NINA	Infinitamente más...
SERGIO	Gracias, muchas gracias... (*Se separa de ellas y habla aparte ansiosamente con* OSHIDORI.) ¿Y ella? ¿Dónde está ella?
OSHIDORI	Ahora subo a buscarla. Pero, por lo que más quiera, finja el señor indiferencia. Recuerde lo que le he dicho en el jardín: galantee a las demás, disimule sus sentimientos...
SERGIO	Sí, sí... Tienes razón.
	(OSHIDORI *se va por el primero derecha.*)
JULIA	(*Cogiendo a* SERGIO *por un brazo y llevándoselo al diván de la izquierda.*) Dígame, amigo Hernán..., ¿y es verdad que no se ha enamorado usted nunca, nunca?
SERGIO	Nunca, señora. Pero si usted sigue mirándome así...
	(*Se sientan en el diván y se quedan hablando aparte.*)
FERNANDA	(*A* NINA.) ¡Qué encanto de hombre!
NINA	¡Es maravilloso!

BEATRIZ   ¿Qué diréis que me ha dicho antes? Que tengo ojos de mujer fatal...

FERNANDA   Y a mí.

NINA   ¡Qué casualidad! A mí también me lo ha dicho...

BEATRIZ   ¿A ti también? Bueno, pero a ti te lo habrá dicho en broma. Como eres una chiquilla...

(Le da la espalda y se va a la izquierda, sentándose al otro lado de SERGIO.*)*

NINA   ¡Qué estúpida!

(Se va también a la izquierda y se apoya en el respaldo del diván, de manera que quedan las tres rodeando a SERGIO. *Por el foro han entrado* PANTECOSTI *e* INDALECIO CRUZ. IN-DALECIO CRUZ *es un hombre moreno, de unos treinta años, que habla con marcadísimo acento argentino y anda con ese bamboleo de persona en ayunas propio de los argentinos castizos también. Viste uniforme de «chauffeur».)*

PANTECOSTI   *(A* INDALECIO, *señalando al grupo de las señoras y a* SERGIO.*)* La verdad es que seduce a las mujeres, no cabe duda...

INDALECIO   ¡Ni que haser, viejo; ni que haser! A mí me tiene epatao, me tien. Sinco meses ha hecho resién que le sirvo de chófer pa estudiar sus prosedimientos de conquista...

PANTECOSTI Sí, ya me lo ha dicho Hernán; que usted había venido de su país...

INDALECIO Pa eso no más; pa eso. Su fama dilatada me atrajo y, anhelante de saber, me mandé mudar p'acá.

PANTECOSTI ¿Y qué? ¿Todavía no ha averiguado?

INDALECIO Ni medio. Y mi subyugasión crese por días, crese. Solo un gallego puede yegar a este brijante resultao. ¡Qué cosa bárbara! Vos agarrás a las minas cuando querés y las espiantas a su antojo... A nosotros nos sucede al vesre.

PANTECOSTI ¿Al qué?

INDALECIO Al vesre.

PANTECOSTI ¡Ah, sí, sí! (*Aparte.*) Nada; no le entiendo una palabra.

INDALECIO A nosotros son eyas las que nos dejan y se hasen humo con un malevo. Vos lo sabrás por los tangos, ¿no?

PANTECOSTI Sí. Ya estoy enterado. ¿Y qué, ha hecho usted algún tanguito nuevo últimamente?

INDALECIO   ¿Y cómo no, mi viejo?

PANTECOSTI   Oiga usted: eso de viejo no se lo tolero. Ya van dos veces que me lo ha llamado usted y ¡no!...

INDALECIO   Pero si es una frase cariñosa de allá. Pues como le desía, resién he improvisado uno, resién. ¡Qué cosa linda! Se titula «Fiscalito del Supremo».

PANTECOSTI   ¡Hombre! ¡Qué bonito título!

BEATRIZ   ¿Qué es eso, Reginaldo?

INDALECIO   (Indignado.) ¡Avise, andoval!

PANTECOSTI   (Indignado.) ¡Avise, andoval! Es una frase cariñosa de acá. Pues aquí el Indalecio Cruz este, que me está hablando de su nuevo tango que se titula «Fiscalito del Supremo».

JULIA   ¿Y cómo es?

FERNANDA   ¿Cómo es?

INDALECIO   Es un poco inmoral y delante de damas no me párese oportuno, no me párese...

NINA   ¿Es inmoral?

BEATRIZ   ¡Claro! Si es inmoral...

PANTECOSTI   Pues si es inmoral no diga usted más que
              la letra...

TODOS   ¡Eso, eso!

INDALECIO   Dice así:
              «Fiscalito del Supremo
              que abocanás el boliche
              y campaneas el fletiche
              con bufosos de bacán;
              no me escrupiés el belemo,
              no me chalés el milongo
              ni me enranés el bailongo
              de los rulos del gotán».
              Les gusta, ¿no?

TODOS   ¡Sí! ¡Es precioso! ¡Precioso!

INDALECIO   Pos luego prosigue así:
              «Fiscalito, fiscalito:
              tu caprusia es botanera;
              tenés el aire catrera
              del araca del begué...
              No atosigas, fiscalito,
              que eso es laurel de bacara,
              el que paraplí la cara
              sobre un pingo pangaré».
              Estupendo, ¿no?

PANTECOSTI   No. Digo, sí, sí; mucho.

INDALECIO   Gracias, muchas gracias. ¡Qué me emosio-
              nan estos sinseros aplausos!...

(Todos le aplauden.)

PANTECOSTI   Ahora, que tenía razón él: es muy inmoral.

BEATRIZ   *(Aparte.)* Pero, ¿tú has entendido algo, Reginaldo?

PANTECOSTI   ¿No has oído eso de pingo y de caprucia? ¡Uf!

(Por el primero derecha entra OSHIDORI.*)*

OSHIDORI   La señorita Elena ya baja, señor barón.

SERGIO   *(Poniéndose palidísimo y levantándose.)* ¿Eh?

PANTECOSTI   Ha llegado su momento, amigo Hernán... Les presentaré a ustedes y...

(Se levantan todos.)

OSHIDORI   Creo que será mejor que los dejemos solos.

PANTECOSTI   Pues, entonces, ni una palabra más... Vamos, Beatriz... Vamos, niñas... *(Inician el desfile. A* SERGIO.*)* ¡No le digo nada, amigo Hernán! Es el instante decisivo...

SERGIO   Sí, barón, sí.

BEATRIZ   De usted depende la tranquilidad de todos, querido amigo... Si fuera yo no tendría nada que hacer...

SERGIO   Sí, baronesa, sí.

FERNANDA   (*Aparte.*) ¡Quién fuera ella, Nina!

NINA   ¡Ay, sí! ¡Quién fuera ella!

JULIA   La suerte que tienen algunas mujeres...

PANTECOSTI   Oshidori, ¡tampoco a usted le digo nada! (*A INDALECIO.*) A usted ya le diré yo luego unas cosillas.

INDALECIO   ¡Qué ocasión pa estudiar voy a perderme! ¡Che, qué trigo tenerme que dir agora!

    (*Han ido haciendo mutis todos por el foro.*)

OSHIDORI   (*A SERGIO, que se ha quedado como una estatua de sal.*) ¡Ánimo, señor! La señorita Montánchez la ha preparado ya, y yo acabo de decirle que todas las señoras de la casa están locas por el señor, lo cual ha hecho su efecto...

SERGIO   Por primera vez, tiemblo, Oshidori. Por primera vez, dudo...

OSHIDORI   Recuerde el señor sus propias teorías... «Dudar es fracasar», «las mujeres y los tranvías hay que tomarlos en marcha»...

SERGIO   Sí. Yo he dicho eso y muchas cosas más, pero entonces no estaba enamorado, Oshidori, y era fuerte y audaz; ahora es distinto... Ahora no podría decir nada; me siento inexperto y débil...

OSHIDORI   ¡Ya baja!

SERGIO   (*Mirando hacia el primero derecha.*) ¡Qué linda está! Está más linda que aquel día...

(*Por el primero derecha entra* FRANCISCA, *seguida de* ELENA; *esta queda inmóvil al pie de la escalera, mientras* FRANCISCA *se va llorando por el segundo derecha.*)

OSHIDORI   (*Viéndola irse.*) ¡Cómo disfruta!

(*Se va detrás de* FRANCISCA. *Quedan* ELENA *y* SERGIO *frente a frente. La emoción no les deja hablar por unos instantes. Es ella la primera en reaccionar y avanza sonriente.*)

ELENA   (*Siempre sonriendo.*) Ya está logrado el encuentro: ya se ha retirado tu ayudante y tu «manager»... Comienza el «match»... ¿No era eso lo que deseabas? ¿Por dónde vas a empezar? ¿Vas a decirme una ironía o... vas a recitarme «El lago» de Lamartine?

SERGIO   Ninguna de las dos cosas, Elena. Anteayer supe que estabas aquí y que vas a casarte, y he venido a que hablemos seriamente...

ELENA   ¡Hablar seriamente! Y eso ¿qué significa en ti, agotamiento o cambio de táctica?

SERGIO   Eso significa sinceridad y desilusión.

ELENA   Pero, ¿sabes tu algo de lo uno y de lo otro? ¿Has sabido alguna vez lo que es desilusión y lo que es sinceridad?

SERGIO   Antes de conocerte, nunca; después de conocerte, sí.

ELENA   Quizá te he contagiado las mías...

SERGIO   ¿Son tan grandes?

ELENA   Inmensas.

SERGIO   ¿Y cuál es mayor?

ELENA   No lo sé. A ratos creo que es mayor mi sinceridad. Otras veces pienso si no será aún mayor mi desilusión.

SERGIO   ¿Y si te preguntase, Elena, la causa de tu boda..., apelando a la sinceridad?

ELENA   Tendría que contestarte que la desilusión. Pero si me preguntaras la causa de mi desilusión, entonces tendría que responder que tu sinceridad...

SERGIO   Hace un instante dudabas de ella...

ELENA   De tu sinceridad para hablar seriamente a una mujer dudaré siempre. De tu sinceridad para burlarte de las mujeres, de esa no me cabe duda. Las románticas tirando a cursis... somos así.

SERGIO   No hablemos de eso... Nunca me he arrepentido tanto de unas palabras escritas en un momento de...

ELENA   Sí. Es mejor no hablar de eso; se remueven demasiadas cosas pasadas...

SERGIO   ¿Y olvidadas?

ELENA   Y muertas.

SERGIO   Comprendo que no puedas creer en mi sinceridad al hablarte, pero cree en mi desilusión al saber que te casas... Cree al menos que hasta no oírtelo a ti misma había dudado de la verdad de tu boda...

ELENA   ¿Y por qué dudas? ¿Por qué esa fatuidad? ¿Es que el haberte querido a ti un día tenía que impedirme el querer luego a otro?

SERGIO   No es posible que te cases por amor...

ELENA   No. No me caso por amor. ¿Y qué importa? Se cae en ciertos matrimonios como se cae en el suicidio: cuando el corazón ha fracasado y ya no tiene uno adonde asirse. Aquel día en el que comprobé todas las cosas desgarradoras que pensabas de mí, tu criado dijo que yo no era más que una mujer dispuesta a la desesperación. Acertó; y eso he sido desde entonces. No intentes ahora pedirme cuentas de tus propias culpas.

SERGIO   Pero todo eso significa que me quieres...

ELENA   No. Eso significa que te he querido... Y que me he desengañado de ti...

SERGIO   No hay razón para ese desengaño. Te juro...

ELENA   ¡Tus juramentos! Nadie que los haya oído una vez volverá a confiar en ellos...

SERGIO   ¡Elena!

ELENA   Déjame... No hay nada que decir...

SERGIO   Elena... No sé hablar ni expresarme... He hecho siempre el amor sin sentirlo, y hoy que lo siento veo que no sé hacerlo... Pero te quiero, Elena, y...

ELENA   Déjame...

SERGIO   ¿Qué podré decirte? ¿Qué necesita decir un hombre para convencer a una mujer?

ELENA	A cualquier hombre lo que tú has dicho le bastaría.
SERGIO	¿Y a mí?
ELENA	A ti lo que has dicho te sobra...
	(Inicia el mutis.)
SERGIO	*(Deteniéndola nuevamente y echando el alma por la boca.)* Esperaba todo esto, esperaba verte dolorida e incrédula, pero lo que no pude esperar nunca es que hubieras olvidado así lo feliz que tú misma confesaste haber sido conmigo...
ELENA	¡Calla! Déjame...
	(Quiere irse y él la sujeta.)
SERGIO	¡Elena!...
ELENA	*(Revolviéndose airada; deshaciendo en rabia su desesperación de no poder creerle.)* ¿Qué pretendes? ¿Qué quieres? ¿Despertar de nuevo mi fe para volver a humillarla? ¿Añadir unas líneas más en tu catálogo de hombre que se ríe de las mujeres? ¿Que yo crea otra vez? ¿Que yo sueñe, que yo confíe otra vez?... ¿Que vuelva a sufrir la misma desilusión y el mismo desengaño? ¡No, no! ¡Ya es bastante! Ya es bastante, Sergio.

SERGIO   ¡Elena!

ELENA   Se sufre un día y para siempre. Yo he sufri-
                do meses enteros y no volveré a sufrir más...

SERGIO   ¿Y nunca ha de haber nada entre los dos?

ELENA   Nunca. Vuelve a Madrid y entonces habrá
                entre los dos lo único que entre los dos pue-
                de haber ya: la distancia.

                (Sosteniéndose con un último esfuerzo por no
                llorar, se va por el primero derecha. SERGIO,
                al quedar solo, tiene un instante de duda; lue-
                go se va detrás de ELENA, *pero al llegar a la*
                puerta, OSHIDORI, *que ha salido por el segun-*
                do derecha, lo detiene.)

OSHIDORI   ¡Quieto! ¿Qué va a hacer el señor? Cuida-
                do, que todo puede echarse a perder...

SERGIO   Ya está todo perdido, Oshidori.

OSHIDORI   Al contrario, señor; está todo ganado. Va
                llorando, y «en la mujer las lágrimas son
                el vermú del amor». ¿No recuerda el señor
                esa frase?

SERGIO   Entonces, ¿crees tú...?

OSHIDORI   Que está en el bote. Ahora dedíquese el se-
                ñor a las demás y esta noche, en el jardín,
                aprovechando la luna...

SERGIO   (*Abrazándolo.*) Oshidori... Dios te lo pague. ¡Muchas gracias!

                       (*Se va, como un muerto resucitado, por el foro.*)

OSHIDORI   ¡Qué alegría da cumplir con el deber!

                       (*Por el foro entra* ADELAIDA *precedida por el* CHAUFFEUR.)

CHAUFFEUR   Aquí es, señora condesa...

ADELAIDA   ¿Es aquí? Sí. Aquí es...

OSHIDORI   (*Viéndola. Aparte.*) ¿La condesa?... ¡Muertos somos!

                       (*El* CHAUFFEUR *vuelve a marcharse por el foro.*)

ADELAIDA   (*Descubriendo a* OSHIDORI, *avanzando majestuosamente y sentándose en un sillón.*) Hola, Oshidori.

OSHIDORI   Buenas tardes, señora condesa... ¡Qué sorpresa tan inesperada!

ADELAIDA   Todas las sorpresas son inesperadas, porque si no fueran inesperadas no serían sorpresas.

OSHIDORI   Es verdad, señora condesa.

ADELAIDA   Y no hagas el piel roja fingiendo alegría al ver-
            me, porque me consta que mi presencia aquí
            tiene que ser para vosotros un disgusto...

OSHIDORI   De ningún modo, señora condesa.

ADELAIDA   Sergio andará por ahí dentro, ¿verdad? No
            me digas que no, que hoy te la cargas.

OSHIDORI   Sí, señora condesa. Ahí dentro está.

ADELAIDA   Enamorando a la niña de los cuarenta mil
            duros, ¡claro!...

OSHIDORI   ¿A la niña de los cuarenta mil duros, seño-
            ra condesa?

ADELAIDA   No te molestes en negar, que lo sé todo. La
            secretaria que dimitió anteayer le ha infor-
            mado extensamente a mi marido del nego-
            cio que le ha propuesto a tu amo ese barón
            de Pantecosti y mi marido me lo ha dicho
            a mí... Y la verdad es que después de mu-
            cho pensar, todavía no sé quién tiene me-
            nos vergüenza, si la ex secretaria, el barón,
            Sergio, tú, yo o mi marido...

OSHIDORI   ¿El conde, señora condesa?

ADELAIDA   El conde, Oshidori, el conde... Lee, lee esta
            carta (*Le da un sobre abierto.*) que me ha de-
            jado para Sergio antes de partir anoche con
            rumbo a California.

OSHIDORI   ¡A California!

ADELAIDA   Sí. Dice que se va a hacer películas...

OSHIDORI   (*Sacando la carta y leyendo.*) «Señor don Sergio Hernán. Mi querido amigo y sustituto...». ¡Caramba!

ADELAIDA   ¿Qué tal el principio?

OSHIDORI   (*Leyendo.*) «Treinta años hace, señor Hernán, que aguardo la ocasión de ver a otro ciudadano solvente enamorado de mi esposa y hoy se cumplen, al fin, mis deseos. ¿Usted ama a Adelaida? Pues para usted para siempre. Yo me voy a California, que es un clima ideal. Adiós, amigo Hernán. Mándeme lo que quiera, menos a Adelaida, y reciba un abrazo de su agradecidísimo...».

ADELAIDA   Vamos... Hace falta ser sinvergüenza, ¿sí o no?

OSHIDORI   A mí me parece un genio, señora condesa.

ADELAIDA   ¿Eh?

             (*Por el foro entran en este momento* PANTECOSTI, JULIA, BEATRIZ, FERNANDA, NINA, MARIANO, ARTURITO *y* SERGIO. *Todos vienen rodeando a este último y pidiéndole informes de su entrevista con* ELENA.)

PANTECOSTI   Cuente usted, cuente usted...

JULIA   Estamos impacientísimos...

FERNANDA   ¿Qué ha dicho Elena?

SERGIO   Pues... (*Viendo a* ADELAIDA.) ¿Eh? ¡Adelaida!
             (*Avanzando hacia ella.*) ¿Qué es esto? ¿Qué
             haces aquí? ¿A qué has venido a esta casa?

PANTECOSTI   ¡La del retrato de la bisabuela!

             (PANTECOSTI y *su familia se quedan hablan-
             do aparte.*)

ADELAIDA   ¿Que a qué he venido? Pues a verte... Trai-
             go una carta de recomendación... Anda,
             Oshidori, dale la epístola.

OSHIDORI   (*Aparte, dando la carta a* SERGIO.) La catás-
             trofe, señor... Lo sabe todo...

ADELAIDA   (*A* PANTECOSTI y *los demás.*) ¿De manera que
             ustedes son los famosos herederos?...

PANTECOSTI   ¿Cómo?

LOS DEMÁS   ¿Eh?

ADELAIDA   ¿De manera que ustedes son los que han es-
             cotado los cuarenta mil duros para que Ser-
             gio enamore a la prometida del marqués y
             poder pescar la herencia?

MARIANO   (*Aparte.*) ¡Atiza!

PANTECOSTI   ¡Está enterada!

JULIA   ¡Está enterada!

BEATRIZ   ¡Está enterada, dios mío!

SERGIO   (*Que ha acabado de tragarse la carta ansiosa- mente.*) ¡Pero esto es una burla intolerable!

ADELAIDA   ¿Qué?

SERGIO   ¡Y has venido! ¡Hace falta estar loca para su- poner que yo...!

ADELAIDA   (*Con una calma que da frío.*) No, hijo, no; si yo no he supuesto nada... (*En este momen- to por el primero y el segundo derecha, res- pectivamente, entran* ELENA *y* FRANCISCA.) ¡Ahora que vengo a hablar! ¡Vengo a tirar de la manta y a descubrirle a esa señorita que le estás haciendo el amor por cuaren- ta mil duros!

ELENA   (*Avanzando.*) ¿Qué dice esta señora?

OSHIDORI   Nada, señorita. No dice nada. Es que está de broma.

PANTECOSTI   ¡Eso es! ¡Es que está de broma! ¡Ja, ja, ja!... (*A los demás, aparte.*) ¡Reíos para disimular!...

TODOS   ¡Ja, ja, ja! ¡Ja, ja, ja! ¡Ja, ja, ja! ¡Qué bro- mista!

SERGIO (*Aparte.*) ¡Lleváosla de aquí!

PANTECOSTI ¡Vamos, vamos! ¡Ja, ja, ja! ¡Qué risa!

TODOS ¡Qué risa! ¡Ja, ja, ja! ¡Qué gracia! ¡Qué bromas!

(*Poco a poco arrastran a* ADELAIDA *hasta conseguir llevársela por el foro en medio de un barullo imponente. Quedan en escena* OSHIDORI, ELENA, FRANCISCA *y* SERGIO.)

SERGIO Elena, escucha...

ELENA ¡Quita! ¡Déjame! ¡Eres un canalla! ¡Un canalla!

(*Se va llorando por el primero derecha.*)

SERGIO ¡Elena!

(*La sigue.*)

FRANCISCA (*Abrumada.*) ¡San Serení del Monte!

Telón.

Acto tercero

La misma decoración del acto segundo. Han pasado dos meses y durante este tiempo la mayor parte de los que habían ido a la sierra a veranear se han vuelto a Madrid; a la puerta de muchos hoteles ha sido colocado el cartel de «Se alquila»; los árboles han perdido sus hojas y la Compañía de Ferrocarriles del Norte ha suprimido su servicio de trenes-tranvías. Comienza la acción en las últimas horas de la tarde, casi de noche. La puerta del foro aparece cerrada y las luces encendidas.

Al levantarse el telón, en escena SERGIO *y* OSHIDORI. SERGIO, *sentado en un sillón ante el ventanal, ve caer la tarde en una actitud despampanantemente triste y melancólica. Lleva un batín de casa y zapatillas; todo él respira desilusión, desencanto y agotamiento, y, lo que es más de notar, gasta barba, una señora barba de dos meses, como aquellas que estaban tan de moda allá por el 1900 ó 1903. A su lado, y con un libro abierto en la mano, se halla* OSHIDORI, *leyendo en alta voz. Aclaración: el libro que* OSHIDORI *le está leyendo a Sergio es las «Rimas» de Bécquer.*

SERGIO   (*Muy emocionado.*) Sigue, Oshidori.

OSHIDORI   (*Leyendo.*)
                «Volverán las oscuras golondrinas
                de tu balcón los nidos a colgar
                y otra vez con el ala en tus cristales
                jugando llamarán.
                Pero aquellas que el vuelo refrenaban
                tu hermosura y mi dicha al contemplar,
                aquellas que aprendieron nuestros nombres,
                esas no volverán».

SERGIO   (*Repitiendo a media voz.*) «Aquellas que
                aprendieron nuestros nombres, esas no
                volverán»... Dame un pañuelo, haz el favor...
                (OSHIDORI *le da uno y* SERGIO *se enjuga las lá-
                grimas. Suspirando.*) ¡Dios mío!

OSHIDORI   Vamos, señor... ¡Anímese! Si el señor sigue
                así, se va a liquidar por los lagrimales...

SERGIO   Ya estoy tranquilo... (*Le devuelve el pañue-
                lo.*) Toma. Y léeme ahora aquella otra que
                dice: «Llegó la noche»...

OSHIDORI   ¿Llegó la noche?

SERGIO   Sí, hombre. «Llegó la noche y no encontré
                un asilo»...

OSHIDORI   ¡Ah, sí, sí! Esa es la que yo llamo «la rima de
                la mendicidad»... (*Pasa más hojas. Leyendo.*)
                «Llegó la noche y no encontré un asilo.

¡Y tuve sed! Mis lágrimas bebí.
¡Y tuve hambre! Y los hinchados ojos
cerré para morir».

SERGIO   (*Hecho cisco.*) ¡Es mi caso, Oshidori! ¡¡Mi
                mismo caso!! Anda, sigue.

OSHIDORI   Creo, señor, que sería mejor dejarlo, por-
                que...

SERGIO   Sigue, Oshidori. ¡Sigue!...

OSHIDORI   (*Leyendo.*)
                «¡Llora! No te avergüences
                de confesar que me quisiste un poco.
                ¡Llora! Nadie nos mira...
                Ya ves; yo soy un hombre y también lloro».

SERGIO   (*Llorando a lágrima viva.*) ¡¡Déjame el pa-
                ñuelo otra vez, anda!!

OSHIDORI   (*Dándole el pañuelo.*) ¡Pero, señor!...

SERGIO   «¡¡Ya ves; yo soy un hombre y también llo-
                ro!!».

OSHIDORI   (*Aparte.*) ¡Y acabará por hacerme llorar a mí!

SERGIO   ¿Qué poeta fue el que dijo que los versos
                son el lenguaje de aquellos a quienes el do-
                lor no deja hablar?

OSHIDORI   Algún cursi.

(Retuerce en un rincón el pañuelo de Sergio.*)*

SERGIO   Me gustaría que fueras más sensible. Yo, desde que sufro, me siento más sensible, Oshidori. Busca ahí, en el libro, y encontrarás una cuartilla llena de versos míos...

OSHIDORI   *(Asombrado.)* ¡Versos del señor!

SERGIO   Los escribí anoche. Desde que Elena se fue, mi alma ha caído en una noche oscura.

OSHIDORI   Vamos, señor. Le leeré al señor sus versos para alejar esas ideas negras, y ya verá cómo nos reímos. *(Leyendo un papel que ha sacado de entre las páginas del libro.)* «Soneto. Mi corazón angustiado sufre todas las torturas de un amor que nunca ha de alcanzar».

SERGIO   Ese es el título.

OSHIDORI   Un poco largo, ¿no?

SERGIO   Sí, pero como los versos son cortos...

OSHIDORI   ¡Ya! Pues vamos a ver... *(Leyendo.)*
«Yo era un hombre sin alma que agotaba su
[vida
de una manera frívola, loca y superficial
yendo de un amor falso a una pasión fingida
y empalmando una juerga con una bacanal...».
(Aparte.) ¡Sopla! *(Volviendo a leer.)*

«Cada mujer que vi se me rindió en seguida
al oír que en sus ojos había algo fatal
y el que ella fuese rubia, más o menos
                        [teñida,
o el que fuese morena, a mí me daba igual».
(OSHIDORI *lanza una mirada larga y lenta sobre* SERGIO *y sigue leyendo.*)
«Pero un día el amor se cruzó en mi camino
y caí como cae en la trampa el gorila,
bajo el poder omnímodo de una mujer sin
                        [par...
Y aquí estoy, desde entonces, hecho polvo y
                        [mohíno,
viendo pasar los días uno a uno y en fila,
deseando la muerte, triste y sin afeitar».
«Sergio Hernán. Cercedilla, 24 de noviembre».

SERGIO   ¿Qué te parecen?

OSHIDORI   Muy malos, señor.

SERGIO   A mí también. (*Acongojándose de nuevo.*) ¡A mí también me parecen muy malos, Oshidori! ¡Son malísimos! Pero ¡de alguna manera tengo que desahogarme!...

OSHIDORI   ¿Y por qué no escribe el señor un drama en cinco actos?

SERGIO   ¡Ay, Oshidori! ¿Por qué se iría Elena?

OSHIDORI   ¿Cree el señor que ninguna mujer puede aguantar la presencia del hombre que quiere sabiendo que él la está enamorando por cuarenta mil duros?

SERGIO   Pero a ti te consta que yo la enamoraba sinceramente...

OSHIDORI   A mí, sí; pero a ver quién es el guapo que la convence también a ella...

SERGIO   ¡Y desaparecer de improviso, sin palabras, sin una explicación! ¿Cómo pude resistirlo? ¿Por qué no me morí en aquel instante, Oshidori?

OSHIDORI   Porque morirse da siempre pereza, señor.

SERGIO   ¡Y no haber vuelto a saber nada de ella!

OSHIDORI   A lo mejor el señor sabe de ella el día menos pensado...

SERGIO   ¡Ilusiones, Oshidori!

(*Volviendo a su desesperación.*)

OSHIDORI   ¡Vamos! Hay que tener ánimo. Si hace tres meses me hubieran dicho que iba a ver al señor en ese estado... ¡Y a causa de una mujer! ¡Habiéndolas tenido a centenares!

SERGIO   ¡Pero ninguna era como ella, Oshidori!

OSHIDORI   El señor me advirtió una vez que «las mujeres solo se diferencian unas de otras en lo que pagan de cédula».

SERGIO   ¡Qué sabía yo entonces! Estaba ciego. Elena es la mujer más espiritual que he conocido.

OSHIDORI   También sobre esa clase de mujeres tenía su opinión el señor...

SERGIO   ¿Es posible?

OSHIDORI   El señor aseguraba que «hasta las mujeres más espirituales llevan dentro dos riñones, un estómago y un hígado».

SERGIO   ¡Yo no he podido decir nunca semejante cosa!

OSHIDORI   Sí, señor, sí.

SERGIO   ¡¡Eso es una infamia!!

OSHIDORI   ¿Una infamia tener hígado y estómago? ¿Una infamia tener riñones, señor?

SERGIO   ¡Calla! ¡¡Calla!! Estómago, riñones, hígado..., ¡qué porquerías!... Elena no puede tener nada de eso: ¡me juego la cabeza!

OSHIDORI   ¿Eh?

Sergio	Y si los tiene, serán preciosos. Pero, además, ¡no quiero hablar de ese asunto! Déjame... Vete... Estoy mejor solo... *(Adopta de nuevo su actitud melancólica y se pone a recitar a media voz.)* «Tu aliento es el aliento de las flores, tu voz es de los cisnes la armonía...».
Oshidori	*(Compungido, aparte.)* ¡Pobre señor! Está hecho un cacharro...
Sergio	¿Has oído? Alguien viene.
Oshidori	Serán los sinvergüenzas esos...
Sergio	¿Qué sinvergüenzas?
Oshidori	Los herederos del marqués.
Sergio	Es pronto para ellos, porque después de los funerales tenían pensado irse a pasar el día a Navacerrada.
Oshidori	Entonces serán don Indalecio Cruz y la señorita Montánchez, que están invitados a comer.
Sergio	Indalecio y Francisca... Otros que también me han abandonado...
Oshidori	Es que don Indalecio se ha convencido de que el sistema de enamorar a las mujeres es

tratarlas mal y ha vuelto loca a Francisca ha-
ciéndola sufrir. Ahí están.

(Por el foro entra FRANCISCA. *Viene vestida de
noche y con abrigo.)*

FRANCISCA   *(Alegremente.)* ¡Hola, Oshidori! ¡Buenas tardes, Sergio!

SERGIO   *(Saludando por compromiso; sin pizca de ganas.)* Hola, Francisca.

(Se va por el primero derecha.)

OSHIDORI   *(Compungidísimo por la actitud de* SERGIO.*)*
¡Pobre señor! *(Va al sillón de la izquierda y
se deja caer en él.)* ¡Pobre señor!

FRANCISCA   Está igual que cuando nosotros nos fuimos,
¿verdad?

OSHIDORI   Está peor, señorita Montánchez. Está mucho peor...

(Por el foro entra entonces INDALECIO *Cruz y
cierra la puerta tras de sí. Viste «smoking»,
abrigo y guantes de automovilista. Viene qui-
tándose los guantes y canturreando un tango.)*

INDALECIO   *(Tarareando mientras avanza.)*
«Adelsisa, pebeta gentil,
la de los ojos pintaos con añil...».

OSHIDORI   ¡Anda, este!

FRANCISCA   (*Dejando a* Oshidori *y yendo hacia* Indale-
            cio *con los ojos rebosantes de amor.*) ¡Inda-
            lecio!...

INDALECIO   Salí de la lú, salí.

            (*La rechaza.*)

FRANCISCA   Pero Indalecio...

INDALECIO   Dejate de macanas y despojame del tapado.
            (Francisca *le quita dócilmente el abrigo.* In-
            dalecio, *viendo la tristeza de* Oshidori.)
            ¿Qué le sucede al viejo?

FRANCISCA   Sufre por Sergio, que está cada vez peor...

INDALECIO   ¿Con que está pior el patrón, viejo?

OSHIDORI   Peor, señor Cruz. Sigue sin querer comer,
            y sin querer beber, y sin querer dormir...

FRANCISCA   Y sin querer afeitarse.

OSHIDORI   No tiene ganas de nada y se pasa las horas
            muertas en este ventanal llorando, contan-
            do los corderos que pasan y diciéndoles
            adiós con un pañuelo a los maquinistas de
            todos los trenes.

INDALECIO   Monomanía ferroviaria; mala cosa, che.

OSHIDORI   Muchos días me manda que le lea versos...

FRANCISCA   Asombrada. ¿Que le leas versos?

INDALECIO   Catastrófico, che. Así empezó mi pobre tata.

OSHIDORI   ¿Su niñera?

INDALECIO   ¡Mi padre! Y acabó en un manicomio de Tucumán, diciendo que era Cristóbal Colón y pidiendo a gritos cuatro carabelas pa venir a descubrir Uropa...

FRANCISCA   Todo esto le ocurre a Sergio porque está enamorado; pero si consiguieras que Elena viniese, Oshidori...

OSHIDORI   Lo conseguiré, señorita Montánchez. Le he escrito diciéndole tal cosa para picarle la curiosidad, que ha contestado que hoy a las siete vendría a ver al señor.

FRANCISCA   ¿Entonces?

OSHIDORI   Mi miedo es que, una vez satisfecha su curiosidad, se vuelva a ir sin hacer al señor ningún caso...

INDALECIO   Todo puede esperarse de la decadensia de Sergio. ¡Y pensar que ese hombre es el que me ha enseñado a mí a conquistar!... ¡Qué cosa bárbara!...

OSHIDORI   ¿Es cierto que se casan ustedes, señor Cruz?

INDALECIO   Resién en junio. Cuando florescan los rosales y la naturaleza vista sus galas mejores, pa entonces lusirá Fransisca su traje de desposada... ¿Estará bien, no?

OSHIDORI   Flojo motivo para un tango...

INDALECIO   Ya tengo el título. Se va a titular: «¡Estás bien, Francisca!».

OSHIDORI   ¡Qué bonito!

FRANCISCA   (*Echándose a sus brazos.*) ¡Cómo te quiero, Indalecio mío! ¡Cómo te quiero!

INDALECIO   (*Rechazándola nuevamente.*) ¡Salí de la lú, salí! ¡Que te tengo dicho que no seas pigajosa!

FRANCISCA   (*Cariñosamente.*) ¡Indalecio!...

INDALECIO   ¡Vos vas a gamá la biaba! ¡Vos la vas a ganá!...

FRANCISCA   (*Cariñosísima.*) Perdóname... No volveré a molestarte...

INDALECIO   ¡Anda, bañate! (*Aparte, a* OSHIDORI.) Me es violento mandarla bañá, pero no hay más remedio, che. Ya ves cómo la tengo dominada, en cambio...

OSHIDORI   La tiene usted en el bolsillo del pañuelo.

INDALECIO   Pos que diga no más si es felís...

FRANCISCA   Nunca lo he sido tanto, Oshidori.

INDALECIO   Y eso que hasta ahora solo la he pegao con la mano...

OSHIDORI   ¿Es posible?...

INDALECIO   Que lo diga eya...

FRANCISCA   *(Tristemente.)* Sí. Es un sonso...

INDALECIO   Imagínate vos lo que pasará cuando nos casemos... Le voy a meter seis patiaduras por día...

FRANCISCA   *(Con entusiasmo.)* ¡Qué felices vamos a ser! ¡Qué felices!

INDALECIO   ¡Atraca al muelle, china!

             (La abraza. Por el primero derecha entra un CRIADO *con dirección al segundo izquierda.)*

OSHIDORI   *(Al* CRIADO.*)* ¿Está todo dispuesto para la comida, Félix?

CRIADO   Todo, sí, señor.

OSHIDORI   ¿Han llegado los músicos?

CRIADO	Sí, señor.
OSHIDORI	¿Un sexteto?
CRIADO	De cuatro, sí, señor.
OSHIDORI	¿Los vinos, el decorado del salón?...
CRIADO	Todo está listo...
OSHIDORI	¿No habréis olvidado colgar el retrato del señor marqués, que en paz descanse?...
CRIADO	Aparece en el testero principal, rodeado de crespones, con el escudo del marquesado a un lado y el de la baronía al otro; y debajo la inscripción que el señor barón me ordenó: «¡Bravo, tío Ernesto! ¡Así mueren los hombres!».
OSHIDORI	Muy bien. Puedes retirarte.

(El CRIADO *se va por el foro*.)

FRANCISCA	Al fin se salieron con la suya los herederos.
OSHIDORI	Todos los sinvergüenzas tienen suerte, y estos, no solo han conseguido que el marqués muriera testando a favor de ellos, sino que empieza a darme en la nariz que van a negarse a entregar a mi amo los cuarenta mil duros ofrecidos.

FRANCISCA   ¿Es posible?

INDALECIO   ¿Cómo se entiende, viejo?

OSHIDORI   Porque dicen que mi amo no los ha ganado. Como ustedes saben, a poco de marcharse la señorita Elena, el marqués comenzó a decaer visiblemente. Y los herederos le organizaron tal cantidad de fiestas, giras, meriendas, paseos, excursiones, que al mes y medio de este ajetreo —o sea hace ocho días— el marqués se metió en la cama y murió, exclamando: «Voy a entregarle mi alma a Dios, porque ya no puedo con ella».

FRANCISCA   ¡Pobrecillo!

OSHIDORI   Total, que si no hubiera sido por mi amo, ni la señorita Elena hubiese huido, ni el marqués habría muerto nombrándolos herederos. Pero como son una partida de pistoleros, estoy viendo que se van a agarrar a que el señor ha fracasado en su conquista para no pagarnos los cuarenta mil duros... Ahora, que si ellos le hacen a mi amo esa jugada, yo he resuelto hacerles a ellos una película sonora, llamándolos sinvergüenzas en cinco versiones, que se va a oír en Hollywood.

INDALECIO   Diga, viejo, y entonces, ¿esta comida y esta fiesta a la que nos han invitado?...

OSHIDORI   Pues da miedo decirlo, pero es para celebrar el fallecimiento del marqués...

FRANCISCA   ¿Es posible?

INDALECIO   ¡El vello se me pone de punta, che!

(Dentro, en el foro, suenan dos cláxons de automóvil y por el ventanal cruza el resplandor de unos faros.)

OSHIDORI   ¡Ya están ahí!

FRANCISCA   Ellos deben ser.

TODOS   *(Dentro.)* ¡Ja, ja, ja!

(Se oye dentro ruido de voces y risas.)

INDALECIO   ¡Qué bochinche arman!

PANTECOSTI   *(Dentro.)* ¡Chist! ¡Callarse, que ahora en casa nos reiremos!

MARIANO   *(Dentro.)* Bueno, pero antes un viva. ¡¡Viva el tío muerto!!

TODOS   *(Dentro.)* ¡Vivaaa!

(Gran algazara. Entran todos. PANTECOSTI, MARIANO, BEATRIZ, FERNANDA, JULIA, NINA, ROBERTO y ARTURITO, de rigurosísimo luto. Al

ver a FRANCISCA *se ponen muy serios y compungidos.)*

PANTECOSTI   ¡Caramba, hay visita! *(A* INDALECIO.*)* ¿Qué tal, fiscalito?

MARIANO   Hola, Francisca.

ROBERTO   ¿Qué? ¿Cuándo es esa boda? *(*INDALECIO *le hace gestos de que pronto.)* ¡No! Si puede usted hablarme... Ya oigo...

FRANCISCA   ¿Que ya oye?

JULIA   Se curó el mismo día que murió el tío Ernesto.

BEATRIZ   ¡El desventurado Ernesto!

TODOS   ¡El pobre tío!

PANTECOSTI   ¡Aquel santo barón, que gloria haya!

OSHIDORI   *(Aparte a* INDALECIO, *por* PANTECOSTI.*)* El jefe de la banda.

               *(*BEATRIZ *le habla a* FRANCISCA.*)*

BEATRIZ   De lo más sorprendente, amiga mía. Figúrese usted que al sobrevenir la espantosa tragedia, yo, como de costumbre, le escribí a Roberto la noticia en el bloc.

ROBERTO   Eso es. Y nunca podré explicar lo que me ocurrió, pero lo que sí sé es que al leer: «el tío ha fallecido; todos herederos», sentí una cosa muy rara en los oídos y me desmayé... Y al volver del desmayo, a los pocos momentos, ya percibí con toda claridad en el jardín la voz de este (*Por* PANTECOSTI.) que se encaminaba a dar cuenta del hecho al juzgado cantando el «Rigoletto».

(Por el primero derecha aparece SERGIO.)

OSHIDORI   El señor...

(Todos se quedan muy serios al verlo.)

SERGIO   Sigan, sigan ustedes; por mí no se violenten...

OSHIDORI   (*Avanzando.*) ¿Deseaba algo el señor?

SERGIO   Sí. ¿Me he dejado aquí...?

OSHIDORI   ¿El yo-yo?

SERGIO   Las «Rimas» de Bécquer.

PANTECOSTI   (*Aparte, a los demás.*) Pero, ¿lee las «Rimas» de Bécquer?

MARIANO   (*Aparte también.*) ¡Pobre hombre!

OSHIDORI   Sí, señor. Aquí están.

(Coge el libro y se lo da.)

SERGIO   Gracias, Oshidori.

PANTECOSTI   Qué, amigo Hernán, ¿no se decide usted a acompañarnos a la mesa?...

SERGIO   ¿Para qué?

PANTECOSTI   Hombre, para comer...

SERGIO   Se lo agradezco mucho; pero yo no tengo humor; acabaría por entristecerlos a todos... Me voy para arriba.

(Se va por el primero derecha.)

MARIANO   ¡Qué desastre de hombre!

(Por el foro entra el CRIADO.*)*

CRIADO   *(Anunciando.)* La señorita Elena Fortún...

(Se va. Por el foro entra ELENA. *Viste un traje de tarde y abrigo. Se detiene tímidamente en el foro.)*

JULIA   ¡Elena!

NINA   ¡Elenita!

(Las señoras van hacia ella. Todos se movilizan.)

INDALECIO	(*Que ha quedado aparte con* FRANCISCA.) Pues tenía razón Oshidori cuando dijo que ella vendría hoy mismo, no más...
FRANCISCA	Voy a decirle que ha llegado ya...
	(*Se va por el primero derecha.*)
ELENA	He sabido ayer la muerte del pobre Ernesto. (*Todos ponen otra vez cara de circunstancias.*) Y me he apresurado a venir para consolarlos.
PANTECOSTI	Es inútil.
ELENA	¿Qué?
PANTECOSTI	Que no hay consuelo para nosotros.
MARIANO	Estamos destrozados.
ELENA	¿Y cómo ha muerto el pobre marqués? ¿Qué ha sido?
PANTECOSTI	Ha sido una suerte..., de ataque al corazón que se lo ha llevado en dos horas...
ELENA	¡Pobrecito!
	(*Quedan hablando. Por el primero derecha entran* OSHIDORI *y* FRANCISCA.)

BEATRIZ   (*A* ELENA.) Pues aquí hay una persona, que-
            rida amiga, a quien la visita de usted va a
            alegrar más que a nadie.

ELENA   ¿Una persona?

PANTECOSTI Vamos... No se haga usted la tonta, que es-
            tamos todos en el secreto...

BEATRIZ   ¿De verdad que no tiene usted nada que de-
            cirle a Sergio Hernán?...

OSHIDORI   (*Avanzando.*) A mí me parece que sí, seño-
            ra.

ELENA   ¡Oshidori!

OSHIDORI   Y como yo también tengo algo que decir-
            les a los señores, si los señores fueran tan
            amables que pasaran conmigo un momen-
            to al saloncito...

MARIANO   (*Aparte a* PANTECOSTI.) Lo veo venir... Este
            va a hablarnos de los cuarenta mil duros...

PANTECOSTI (*También aparte.*) ¡Pues está arreglado!

            (*Todos se van por el segundo derecha, menos*
            PANTECOSTI, *que pretende irse por el prime-
            ro derecha, pero* OSHIDORI *lo llama.*)

Oshidori	¡Chist! ¡Caballero! Dirección prohibida... Siga la flecha... (*Le señala el segundo derecha, y* Pantecosti *hace mutis por allí de muy mala gana. A* Indalecio, *aparte.*) Venga usted también, señor Cruz, porque me parece que ha llegado el momento de la película sonora...
Indalecio	Y yo, ¿en calidad de qué voy a ir, amigaso?
Oshidori	En calidad de autor de tangos. Ya tengo el título: «Si no te pagan, golpía».
Indalecio	¡Lindo, viejo!
	(*Se van ambos por el segundo derecha. En el primero derecha aparece* Sergio. *Quedan solos* Elena *y* Sergio. *Hay un largo silencio. Él está asombrado, cohibido y emocionado. Ella sonríe sin dejar de mirarlo.*)
Sergio	¿Por qué no hablas, Elena? ¿Por qué me miras así? ¿De qué te ríes?
Elena	Estás tan cambiado... Me hace gracia verte con barba. Ya sabía que te la habías dejado. Y sin embargo no puedo remediarlo... Me hace gracia...
Sergio	Si hubiera sospechado que ibas a venir tú...
Elena	¿Te la habrías quitado? ¡Anda, hombre! Pero si te sienta muy bien...

SERGIO   No... Tienes que encontrarme grotesco y ri-
              dículo, por fuerza...

ELENA   ¿Grotesco y ridículo? No. Te encuentro cam-
              biado, eso, sí... Te encuentro cambiado... Me
              pareces otro...

SERGIO   (*Gravemente.*) Es que realmente soy otro,
              Elena. Soy otro por dentro. Y cuando se es
              otro por dentro, bien se puede ser otro por
              fuera...

ELENA   Sin duda...

SERGIO   Por fuera me ha cambiado la barba, y por
              dentro...

ELENA   Y por dentro, ¿qué te ha cambiado, Sergio?

SERGIO   El amor...

ELENA   (*Riendo.*) ¡El amor! ¡Qué terrible que los fi-
              lósofos hayan invertido siglos enteros en
              analizar los sentimientos que mueven el
              mundo para llegar a la conclusión de que
              da igual un amor que una barba.

SERGIO   ¿Te ríes?...

ELENA   No pretenderás que hablemos en serio de
              una barba, Sergito... Lo que sí te digo en se-
              rio es que te da un aire nuevo... Y un aire
              viejo...

SERGIO   ¡Viejo!

ELENA   (*Sonriendo.*) Viejo en el sentido histórico.

SERGIO   Entonces, antiguo.

ELENA   Antiguo, eso es... Por lo demás, ya sé que ha sido la tristeza y la desgana de todo y hacia todo lo que te ha hecho dejarte crecer la barba. Ya sé que no te la has dejado por presumir.

SERGIO   ¡Figúrate! ¿A qué mujer le puede gustar una barba a estas alturas?...

ELENA   ¡Oh! ¿Quién sabe? Nada hay imposible. Las mujeres somos muy raras. Y como tú nos conoces tan a fondo...

SERGIO   Empiezo a dudar de conoceros, Elena. Empiezo a dudar de haberos conocido nunca...

ELENA   ¿De veras?

SERGIO   Por lo menos a ti...

ELENA   ¿Y a qué viene eso?

SERGIO   A que, creyendo conocerte, jamás me hubiera pasado por la imaginación que te decidieras a dar este paso... Sé sincera. Dime la verdad. Explícame qué impulso te ha empujado a venir...

ELENA   No es un misterio. Oshidori averiguó mi re-
         sidencia y me escribió una serie de cartas,
         sin que yo le contestase a ninguna. Pero en
         la última me excitó la curiosidad diciéndo-
         me que te habías dejado la barba y decidí
         enviarle por fin una respuesta. La respues-
         ta... soy yo.

SERGIO   Entonces, ¿ha sido eso lo que te ha hecho
         venir?

ELENA   ¿Qué más da que haya sido eso que otra
         cosa? Oshidori es experto y sabe que al
         hombre le mueve la ambición y a la mujer
         la curiosidad...

SERGIO   Mucho tengo que agradecerle a Oshidori;
         pero lo de hoy... no lo olvidaré nunca.

ELENA   Y harás bien, porque te ha resultado uno de
         esos buenos discípulos que superan al
         maestro. Hasta sus frases han llegado a ser
         más eficaces que las tuyas: ya lo ves...

SERGIO   ¡Pues con qué gusto le pediría a él una fra-
         se para persuadirte a ti!...

ELENA   Para persuadirme, ¿de qué?

SERGIO   De que te quiero...

ELENA   Creo que de eso empiezo yo a persuadirme,
         Sergio...

SERGIO   *(Maravillado.)* ¡Elena!

ELENA   Porque estoy enterada de tus melancolías, de tus llantos, de tus lecturas de Bécquer... *(Con intención.)* De tus «romanticismos tirando a cursis»... (SERGIO *baja la cabeza avergonzado.)* Ya no piensas como entonces, ¿verdad? Pero no te avergüences... Los hombres os avergonzáis siempre de lo que debía enorgulleceros y os enorgullecéis de lo que debía avergonzaros. ¡Qué frase para Oshidori!, ¿eh?

SERGIO   Elena, no te burles.

ELENA   No me burlo. ¿Cómo voy a burlarme de que hayas llorado y te hayas sentido solo y triste? Nadie se burla de eso... Y los que se burlan ¡lo han hecho ellos también! No hay más que una manera de enamorarse, Sergio. ¡Y calcula la de hombres y mujeres que se enamoran a diario en el mundo!...

SERGIO   Entonces, ¿crees en mí? ¿Te sientes capaz de creerme... y de quererme?...

ELENA   Para quererte no me falta nada.

SERGIO   ¡Elena!

ELENA   Y para creerte solo me falta convencerme de que no viniste aquí a enamorarme por dinero...

(Por el segundo derecha entra Oshidori, *que trae un humor de mil diablos. Le siguen* Francisca *e* Indalecio.*)*

OSHIDORI ¡¡Lo que yo me temía!!

LOS DOS ¿Eh?

OSHIDORI ¡Que esos sinvergüenzas se niegan en redondo a entregar los cuarenta mil duros! *(Aparte, al ver a* Elena.*)* ¡Atiza! ¡Me he colado!

SERGIO ¡Un abrazo, Oshidori! *(Lo abraza.)* ¡Decididamente, eres un genio!

OSHIDORI Sí, señor.

SERGIO Ya lo oyes, Elena... Ellos se niegan a entregar ese dinero, y después de saberlo te quiero más que nunca...

ELENA Entonces es muy probable que empiece ya a creer en ti...

SERGIO ¡Elena!

(Se abrazan.)

ELENA *(A* Sergio.*)* Pero tienes que prometerme que el Hernán que las apuntaba en un catálogo ha muerto...

SERGIO ¡Prometido!

ELENA   Y que romperás la gramola y que no verás
               fatalidad en otros ojos que en los míos.

SERGIO   (*Riendo.*) ¡Prometido también!

FRANCISCA   El conquistador conquistado.

INDALECIO   ¡Qué motivo para un tango!

OSHIDORI   ¡Ya tengo el título!: «Usted tiene ojos de mu-
               jer fatal».

               Telón.

Esta primera edición de *usted tiene ojos de mujer fatal*,
de Enrique Jardiel Poncela, terminó de imprimirse
en mayo de dos mil veinticuatro,
en Madrid